때론 이유 없이
거절해도
괜찮습니다

양보만 하는 사람들을 위한 관계의 기술

때론 이유 없이 거절해도 괜찮습니다

다카미 아야 지음 | 신찬 옮김

웅진 지식하우스

일단은 내가 먼저
행복해지는 게 중요하다.
주위 사람은 그다음 순위다.
이렇게 살아야 일상이 즐겁고
인간관계도 순조롭다.

온전히 나답게 살기 위해 필요한 것

우리는 '온전히 나다운 모습'으로 살고 싶지만 남들의 시선 때문에 그럴 수 없어 답답함을 느끼는 경우가 많다. '나는 나, 너는 너'라는 식으로 각자의 생각과 행동에 자유가 있음을 존중하면 더할 나위 없겠지만 실제로는 그렇지 않다. 주위 사람들이 이래라저래라 간섭해서, 그리고 그로 인해 내가 갈팡질팡해서 일이 생각한 대로 풀리지 않는가 하면, 거절하지 못한 부탁 때문에 정작 자신의 실속을 차리지 못해 곤란을 겪기도 한다.

또 한편으론 나도 모르는 사이 남들의 입에 오르내려 비교당하는 어처구니없는 상황이 발생하기도 한다. 괜스레 경쟁 구도가 만들어지거나 남들의 질투심 때문에 분위기를 살펴야 하는 일이라도 생기면 온전히 나답게 행동하는 것은 쉽지 않다. 다른 이들의 눈치를 보느라 나답게 살기 어려워지는데, 그런 일상은 당연히 재미있을 리도 없다.

당신은 '문제를 일으킬 바에야 내가 참지 뭐' 하며 자신의 주장을 포기하고 남에게 양보하는 삶을 살고 있지는 않은가?

다른 사람 기분을 살피느라 나의 감정이나 의지를 드러내는 일을 꺼리지는 않는가? 어제 하루 동안 당신이 했던 행동들을 한번 곱씹어보자. 행동을 함에 있어 당신은 자신의 의사와 남들의 시선 중 어느 쪽을 우선했는가?

점심 메뉴로 당신은 카레라이스를 먹고 싶었지만 동료들의 의사에 따라 국수를 먹었고, 저녁 약속이 있었으나 야근하는 동료의 부탁에 하는 수 없이 약속을 미루고 동료와의 의리를 지켰을 수도 있다.

그런 선의의 행동은 진심으로 남을 배려하기 위한 것일 수 있다. 어쩌면 남들에게 좋은 사람으로 보이고 싶다거나 '내가 남들에게 맞춰줘야 남들도 언젠가는 나를 배려해줄 것'이라는 계산 때문일 수도 있고 말이다. 하지만 이런 행동이 습관이 되어버린 사람들은 대개 특별한 이유도 없이 자신의 의사를 뒤로 밀어놓고 남들의 생각부터 먼저 묻는 경우가 많다. 하지만 이렇게 남들만 우선시하다 보면 자신의 행복은 항상 뒤로 밀려 어디에 처박혀 있는지도 모르게 된다.

잘 생각해보면, 자신이 양보한다고 해서 남들이 꼭 행복해지는 것도 아니다.

일단은 내가 먼저 행복해지는 게 중요하고, 주위 사람은 그다음 순위다. 이렇게 살아야 일상이 즐겁고 인간관계도 순조롭다.

그렇다면 남들의 눈을 의식하지 않고 항상 나답게 사는 비결은 무엇일까?

'거절하는 힘'을 기르기 위한 네 가지 비법

남들이 이래라저래라 간섭하기 만만하고 부탁하기에 편한 사람은 어딜 가나 항상 똑같은 상황을 겪는다. "왜 나한테만 이런 일이 생기는 거야"라고 불평할지도 모르겠지만, 자신의 특정 기질을 바꾸지 않으면 환경이 변해도 매번 같은 일이 일어날 것이다.

반대로, 남들이 이래라저래라 하기 껄끄럽거나 부탁하기 어려운 사람들도 분명히 존재한다. 그들에게는 '거절하는 힘'이 있다. 이 '거절하는 힘'을 익히면 거북한 사람의 무례한 부탁도 거절할 수 있고, 심지어 그들과 거리낌 없이 잘 지낼 수 있다.

그럼 '거절하는 힘'이란 구체적으로 무엇을 말하는 걸까? 이 힘은 다음 네 가지 요소로 만들어진다.

· 건전한 영역 의식 갖기
· 자기신뢰감 쌓기
· 무의식 속 죄책감 없애기

이상의 요소들을 간단히 살펴보자.

먼저 '건전한 영역 의식 갖기'는 자신과 타인 간의 선 긋기로 자신의 자유를 지키고 상대방의 자유도 존중하라는 것이다. 두 번째 '자기신뢰감 쌓기'는 남들의 간섭이나 사소한 의견 등에도 동요하지 않고 자신을 지킬 수 있는 여유를 갖는 것을 말한다. 세 번째 '무의식 속 죄책감 없애기'는 남들의 기대를 저버리거나 불만을 사더라도 충분한 판단 없이 무조건 자신에게서 잘못을 찾거나 미안해하는 버릇을 없애야 한다는 것이다. 마지막으로 '자신의 힘은 자신을 위해 사용하기'는 자기가 바라는 일과 바라지 않는 일을 명확히 구분하고, 내가 원하는 일, 내가 좋아하는 일에 더 많은 힘을 쏟아야 한다는 뜻이다.

이 네 가지 요소는 주위 사람들의 지나친 간섭에서 자유로워지고, 자신의 생각과 선택에 보다 귀 기울이도록 돕는 방법이다.

자신과 타인을 확실히 구분한다는 것은 어딘가 냉정해 보일 수도 있지만, 이것이 바로 서로의 자유와 행복을 존중하는 가장 중요한 방법이다. 남들의 기대와 무관하게 자신이 무엇을 하고 싶은지를 우선적으로 중시하고 자기가 마음먹은 대로 행동해야 인간관계에서 오는 고민을 줄일 수 있다.

이제 인간관계도 잘 풀릴 거야!

상담 일을 하는 나는 매일 다양한 고민을 듣는다. 내담자의 대부분은 인간관계나 커뮤니케이션 문제를 가장 많이 토로한다. 각자 가치관은 물론이고 처한 입장도 다르기 때문에 나와 타인의 생각이 일치하지 않는 것이 어찌 보면 당연하지만, 여기서 비롯되는 문제로 인해 인간관계가 어긋날 경우 당사자가 겪는 고통은 상상 이상이다.

반면에 사람들과 서로 잘 맞거나 관계가 원만하면 삶 자체가 윤택해진다. 그만큼 인간관계는 우리 삶에서 중요한 부분을 차지한다. 그리고 분명 나는 자신의 행복과 주위 사람의 행복이 공존할 수 있다고 믿는다.

　'거절하는 힘'을 길러서 가장 '나답고' 즐겁게 살아가는 데 이 책이 조금이나마 도움이 되기를 기대한다.

다카미 아야(高見綾)

자신과
타인을
확실히
구분한다.

차례

Chapter 2. 비교 심리에 대처하는 방법

Chapter 3. 흔들리지 않는 나 만들기

진짜
도와주고
싶은데

I'M SORRY

정신이 없어서

Chapter 1

**때로는 거절해도
괜찮다**

당신에게는 '영역 의식'이 있나요?

왜 항상 나일까?

"다들 당연히 제가 할 거라고 생각해요."
"부탁을 거절하면 나쁜 사람 취급해요."
"주변에서는 힘들겠다며 딱해하지만 도와주지는 않아요."

상담을 하다 보면 이런 이야기를 자주 듣는다.
"다 함께 즐겁게 일하려고 솔선해서 허드렛일을 맡았는데, 시간이 지나자 그 일은 당연히 제가 해야 하는 것이 되어버렸어요."

"친구들 모임에서 총무를 맡아달라고 하더라고요. 저는 맛집 정보에도 어둡고 사람 챙기는 일에도 서툴러서 거절하려 했는데, 모두들 바빠서 여력이 없대요. 친구들은 한결같이 저한테 '왜 안 해주지?' 하며 서운해하는 것 같아서 거절할 타이밍을 찾기도 쉽지 않아요."

"동네 사람들이 '어려운 일도 아니고 무슨 일이 생기면 돕겠다'고 해서 마을 반상회에서 한자리를 맡았는데, 의외로 할 일이 많아요. 게다가 도와주는 사람도 없어요."

누가 해도 상관없는 일을 항상 도맡아 하는 사람이 있다. 노력을 인정받아야 마땅한데도 그 공을 평가받기는커녕 남 좋은 일만 하게 되는 경우도 있다.

우리 주위에서 이런 사람들을 찾는 것은 그리 어려운 일이 아니다. 어쩌면 그 사람은 당신일 수 있다. 아니, 당신일 것이다. 대체 왜 이런 일이 생기는 걸까?

사람과 사람 사이에는 보이지 않는 선이 있다

부당한 요청을 거절하지 못하는 사람, 또는 쉽게 이용당하는 사람은 '자신과 타인 간의 선 긋기'에 서툴다는 특징이 있다. 물론 여기에서의 선 긋기란 펜으로 실선을 그린다는 의미가 아니다.

사람은 원래 '영역 의식'이 있는데, 이는 자신과 타인이 별개의 인간임을 자각시켜주고 서로의 자유를 존중하게 만드는 역할을 한다.

당신은 '이번에 보너스를 타면 전부터 위시리스트에 올려뒀던 백을 사야지'라고 벼르고 있었다. 그런데 어느날, 회사의 말 많은 상사가 "○○씨, 얼마 전에도 옷이랑 가방 샀잖아. 돈을 너무 흥청망청 쓰는 거 아니야? 저금은 안 해?"라고 하는 것이다. 그때 당신의 기분은 어떨 것 같은가?

어떤 이들은 "그러게요"라고 웃으며 가볍게 대처할 수도 있다. 하지만 대부분은 우선 마음이 상해서 '뭐지? 자기가 뭔데 이런 소리를 하는 거야?'라고 생각하며 당황한다. 여기서 마음이 상하는 것은 당연하다. 당신이 자유의지로 결정할 수 있는 일들의 영역을 타인이 멋대로 침범했기 때문이다. 아무리 선의라도 개인이 자유롭게 결정할 수 있는 것까지 이래라저래라 간섭하는 사람은 '영역 의식이 낮다'고 할 수 있다.

반면 자신과 타인 사이에 선을 명확히 그을 수 있는 사람은 남들이 뭐라고 하든 '귀찮게 왜 저래?' 하며 별다른 동요를 보이지 않는다. 그저 웃으며 대꾸하거나 무시해버린다.

하지만 처음에는 분명히 영역 의식이 또렷했으나 점점 옅어지는 경우가 있다.

예를 들어, 강제로 혹은 어쩔 수 없이 상대방의 입장에 맞추거나 그 사람을 위해 애써야 하는 일이 빈번해지면 상대는 점차 자신의 영역과 당신의 영역을 구별하지 못하게 된다. 그러다가 급기야 '이 정도는 당신이 당연히 해줘야 하는 거 아냐?'라고 생각하기에 이르는 것이다.

당신 역시 당연하다는 듯 상대의 요구에 응하다가 문 득 그 사람이 당신의 영역을 침범했다는 사실을 깨닫게 될 것이다. 이는 당신의 선이 흐려졌기 때문에 벌어진 일 인지도 모른다.

앞선 사례처럼 아무리 '다 함께 즐겁게 일하겠다는 선 의'로 솔선수범을 보여도 대부분은 처음에만 고마워할 뿐, 점차 '귀찮은 일은 저 사람이 하겠지. 나는 아니야'라 는 생각을 당연하게 한다. 호의를 가진 사람을 호구로 아 는 것에는 상대방의 인성만을 탓할 수 없는 부분이 있다. 인간관계에서 영역 의식과 위치 설정이 중요한 이유다.

어쩌면 아직도 당신은 "에이, 말도 안 돼요", "그렇지 않아요"라고 부정할지도 모르겠다. 하지만 애석하게도 당신의 행동을 당신의 의도와 다른 방향으로 해석하는 사람은 분명히 존재한다.

주위 사람들과 잘 지낸다는 것

인간관계에서 보이는 자신의 행동을 남들이 어떻게 생각

할지, 어떤 반응을 보일지 궁금해하는 것은 지극히 당연한 일이다. 정도의 차이야 있겠지만 그런 것에 전혀 신경 쓰지 않는다는 건 희망사항이거나, 타인의 시선에 이미 상처받았음을 애써 인정하지 않고 우회적으로 드러내는 표현일지도 모른다.

평소 알고 지내는 사이라면 상대의 생각을 어느 정도 짐작할 수야 있겠지만, 그렇다고 반드시 예측대로 맞아떨어지지는 않는다. 생각과 감정은 그 사람의 자유 영역이고, 누구도 남들의 감정을 좌지우지할 수는 없다. 그렇기 때문에 인간관계에서는 각자 영역 의식이 확실해야 하며, 상대가 영역 의식이 낮으면 낮을수록 당신은 의식적으로 선을 그어 당신의 영역을 인식시켜줘야 한다.

자신을 지키고 좋은 삶, 의미 있는 삶을 살려면 먼저 이 점을 머릿속에 확실히 새겨 넣자.

그렇다고 독불장군이 되라는 말은 아니다. '내 영역은 반드시 지켜야 해'라는 식으로 경직되지는 말고 담담하게 선을 긋다 보면 남의 눈치를 볼 일도 어느새 사라지고 기

분 좋게 자신을 지키는 삶을 만들어나갈 수 있다. 영역 의
식이 있어야 비로소 서로의 자유를 존중할 수 있다는 점
을 항상 염두에 두자.

'거절하는 힘'은 주위 사람들과 잘 지내기 위한 제1원
칙이다.

자기신뢰감이 높은 사람에겐
간섭하기 어렵다

내가 너무 온순해 보이나?

앞서 '들어가며'에서 살펴봤듯 사람들은 아무에게나 요구 혹은 부탁을 하지 않는다. 남에게 부탁한다는 건 누구에게든 쉬운 일이 아니다. 그러니 본능적으로 부탁하기 쉬워 보이는 사람을 찾는다. 급한 야근 업무나 잔심부름, 금전 거래 등 어려운 부탁을 들어줄 것 같은 사람 말이다.

부탁받는 게 나쁘다고 할 수는 없지만 '왜 항상 나일까?', '왜 지금일까?'라는 의문이 들면 '나를 함부로 취급

하고 있구나'라는 생각을 떨쳐버리기 힘들다.

하지만 그 사람을 탓하고 자신을 책망하는 데 너무 많은 에너지를 쓰진 말자. 우선 '나를 함부로 취급했다'까지 생각했다면 대책을 강구해야 한다. 대책은 간단하다. '부탁하기 어려운 사람', '이래라저래라 하기 어려운 사람'이 되면 앞으로 이런 일이 잘 일어나지 않을 것이다.

그렇다면 먼저 자신이 다른 사람들에게 어떻게 보이는지 생각해보자. 대부분은 이런 상황에 처하면 '내가 온순해 보여서 그런가?' 하고 생각한다. 하지만 온순한 사람이라 해서 남들의 부탁이나 간섭을 많이 받는 것도 아니다.

단순히 '말수가 없다'거나 '내성적'이라는 이유 때문만은 아닌 것이다. 자기주장이 강해도 평소 남들로부터 이런저런 요구를 많이 받거나 이래라저래라 간섭하는 소리를 자주 듣는 사람도 있으니 말이다.

중요한 것은 '그라운딩'

그럼 '부탁하기 쉬운 사람' 혹은 '이래라저래라 하기 쉬운 사람'과 그렇지 않은 사람의 차이는 무엇일까? 이는 앞에서 살펴본 '거절하는 힘'을 구성하는 네 가지 요소 중 하나인 '자기신뢰감 쌓기'와 밀접한 관계가 있다. 다시 말해 '그라운딩이 되어 있는가'가 관건이다. 여기서 '그라운딩(Grounding)'이란 '지면에 발이 붙어 있는 상태'를 의미한다.

그라운딩 되어 있는 사람은 남들이 정신적으로 침범하기 어렵다. 부탁하기 쉬운 사람 또는 (뒤에서 살펴보겠지만) 비교나 질투의 대상이 되기 쉬운 사람은 그라운딩이 약한 경우가 매우 많다.

남들이 함부로 대하거나 질투하는 대상이 된다는 것은 자신의 축(軸)이 흔들리고 있다는 증거다. 이러다 보면 갖고 있던 가치관이 무너져 남의 눈치를 보기 시작하고 급기야는 자기 본연의 모습을 잃고 만다.

다시 말해 자신의 축에 틈이 생겨 외부 환경의 영향을 받기 쉬운 불안정한 상태에 놓인다는 뜻이다. 틈이 생기면 당신과 타인 간의 선이 흐려질 뿐만 아니라, 남들도 그

틈을 간파하고선 무의식적으로 당신의 영역을 침범해도 된다고 느낀다.

결과적으로 영역 침범이 쉬운 존재가 되는 것이다.

당신의 '틈'이 간파당했다

사소한 실수에도 자신을 질책하고 과소평가하는 모습을 보이면, 주위 사람들 또한 당신의 영역을 가벼이 여기고 아무렇지 않게 침범하기 시작한다. '얼핏 봤을 뿐인데 어떻게 그 사람이 나를 과소평가하고 있다는 걸 알지?'라고 신기해하는 사람도 있을 것이다.

하지만 이미 우리는 다른 사람들에게 자신에 대한 정보를 충분히 주고 있다. 언어적 표현은 물론 표정과 행동의 비언어적 표현에도 그 사람의 틈은 드러나기 마련이다. 자신감 없어 주저하는 말투, 걸핏하면 후회하거나 본심과 달리 그 자리의 분위기에 맞추려 애쓰는 행동과 표정이 여기에 해당한다.

물론 그런 틈이 이렇게 표면으로 드러나는 사람만 있

는 것은 아니다. 하지만 아무리 겉으로 드러내지 않으려
애쓴다 해도 외부 환경에 따라 정신적 여유를 쉽게 잃는
사람인지의 여부는 눈빛만 봐도 한눈에 알 수 있다. '동공
지진'이라는 말이 괜히 있는 게 아니다. 눈빛은 짧은 순간
에도 많은 것을 이야기하곤 한다.

　그렇다면 그렇게 흔들리지 않기 위해 우리는 어떻게
해야 할까?

지면에 발을 굳건히 붙이고 살아야 한다.

애석하게도
당신의 행동을
당신의 의도와
다른 방향으로
해석하는 사람은 분명히 존재한다.

'거절하는 힘'은 선택의 산물이다

필요한 것만 수용하자

앞서 말한 그라운딩은 주위에 무슨 일이 생겨도 전혀 아랑곳하지 않는 마음가짐을 의미하는 것이 아니다. 자기 안의 확고한 기준에 따라 현명하게 행동하면서 외부의 영향을 취사선택할 수 있는 상태가 그라운딩이다. 외부의 영향이 두려운 나머지 뭐든지 차단하는 것이 아니라 자신의 의사로 자신에게 필요한 것만을 받아들이는 프로세스를 갖추어야 한다는 말이다.

그라운딩이 되어 있으면 자기신뢰감이 높기 때문에 외부에 무슨 일이 생기든 자신을 지킬 수 있다는 믿음이 확고해진다. 그건 곧 정신적 여유를 의미한다. 분명 외부의 영향은 어떤 형태로든 스트레스가 될 수 있다. 하지만 정신에 여유 공간이 생기면 외부로부터의 영향에 대처할 수 있고, 그렇기 때문에 남들에게는 유연하게 대처하는 것처럼 보인다.

그럼 이런 '그라운딩'은 어떻게 해야 가능해질까? 그라운딩을 잘하기 위해서는 다음 두 가지 요소가 중요하다(구체적인 방법은 3장에서 소개하겠다).

· 스스로 선택하고 결정하는 연습하기
· 자신이 중요하다고 생각하는 것에 집중하기

자신이 결정하는 경험을 쌓자

먼저 자신에게 '스스로 선택하고 결정하는' 감각이 있는지 살피자. 피해 의식이 있어서 '부모님이 시키는 대로 했

더니 이 모양 이 꼴이 됐다', '나는 싫은데 주위에서 하라
고 했다'고 말하는 사람과, 뭐든 자신이 납득하고 결정해
온 사람 간에는 분명한 차이가 있다. 바로 자기신뢰감의
유무가 바로 그것이다.

요컨대, 지금까지 주체성을 갖고 선택하는 삶을 살아
왔는지가 중요하다.

물론 자신의 판단만으로 결정할 수 없었던 일도 있겠
지만, 제약 속에서도 나름대로 스스로 충분히 납득하고
결정했다면 자기신뢰감을 쌓는 데 분명 도움이 된다. 핵
심은 주체성이다. 남에게 판단을 미루지는 않았지만 어쩌
다 항상 분위기에 휩쓸려 선택해왔다면 최종 선택을 자신
이 내렸다 해도 자기신뢰감을 쌓을 순 없었을 것이다. 다
른 사람들의 의견이나 판단을 조언 삼아 듣더라도 주체
성을 가지고 있는 사람이라면 그 의견에 자신의 판단을
더해 자신만의 결정을 내릴 수 있다.

그렇기 때문에 스스로 결정할 줄 아는 감각을 갖춘 사

람은 그 선택에 따른 결과가 어떻게 나오든 그에 대한 책임을 지고 감당해낼 수 있다. 아무리 고민스럽고 힘든 길이라 해도 스스로 결정할 수 있는 힘만 있다면 난관 속에서도 헤쳐나갈 수 있는 것이다. 뿐만 아니라 이런 경험이 쌓이면 주위의 부당한 요구나 공격에도 흔들리지 않는 자신만의 토대가 구축된다.

무언가를 선택하고 결정하는 것은 누구에게든 분명 부담스러운 일이지만, 그 경험이 점점 쌓이면 자기 영역과 자유를 지켜낼 수 있다.

부정적 자극을 멀리하자

그라운딩을 잘하기 위해서는 '자신이 중요하다고 생각하는 것에 집중'해야 한다.

인간관계를 맺다 보면 긍정적이든 부정적이든 다양한 자극을 받기 마련이지만, 그중에서 자신에게 필요한 자극에만 집중해야 한다. 자극은 어떤 감정이든 남기기 마련인데, 사람들은 그 감정에 가려 자신에게 필요하고 중요한 자극이 무엇인지 판단하기를 어려워한다. 때문에 어떤 자극에 대해선 시간의 간격을 두고 감정이 사그라든 후 냉정하게 돌이켜봐야 한다.

가령 평소 친분이 없던 사람으로부터 뭔가 나쁜 말을 들었다면 순간적으로 속상하고 화도 나겠지만 즉각 대응하기보다 감정이 진정된 후 그 자극을 다시 살펴 처리하는 것이다. 어떤 자극이었는지도 중요하지만 누구로부터의 자극인지 등 자극과 관련된 정보를 총체적으로 냉정하게 파악하는 것 또한 중요하다. 이렇게 하면 자신에게 중요하지 않은 자극들을 판별하고, 감정과 분리하여 비교적 쉽게 처리할 수 있다. 이런 자극은 시간의 도움으로 기억에서 점차 지워진다. 자신에게 중요하지 않은 자극을 감정과 결부시켜 오랫동안 정신에 각인시킬 필요는 없다. 그러니 감정이 잠잠해지면 다시 냉정히 살피고 자극을 정리하도록 하자.

개인적으로는 그리 소중하다 느껴지지 않으나 사회적으로 원만한 관계를 유지할 필요가 있는(특히 직장 동료, 선후배 등 사회적 관계에 놓인) 사람들이 뭔가 지적하면 아무래도 신경을 쓰지 않을 수 없다. 이런 경우에는 새겨듣는 척하면서 한 귀로 흘려보내는 식이어야 스트레스를 최소화할 수 있다.

즉, 그들에게 예의 바른 모습을 보이면서도 당신에게 너무 깊이 관여하게는 하지 않게끔 거리감을 유지하는 것이다. '살갑지는 않지만 그렇다고 무뚝뚝하지 않을 정도', 다시 말해 '욕 들어먹진 않을 정도'의 관계가 적당하다. 본인에게 부정적인 자극이라면 우선 둔감하게 반응하자. 특히나 감정이 실린 날카로운 자극이라면 자신을 지키는 것을 더 우선시해야 한다.

애초부터 영역 의식을 강하게 갖추지 못한 사람도 있지만 영역 의식은 상대방과 어떤 관계, 입장, 상황에 놓여 있나에 따라 변하기도 한다. 덮어놓고 상대방이 나쁘다며 민감하게 반응하면 오히려 당신의 영역이 침범당하기 쉬운 상태가 된다. 감정적으로 반응하면 상대방은 당신에게 또 다른 자극을 주는 여지를 발견하게 된다는 말이다. 이럴 때는 상대가 무슨 요구를 하든 곧장 반응하지 말고 당신과 관계없다는 식으로 대응하는 방법을 추천한다.
나와 상관없는 일이라고 생각하면 상대의 페이스에 말려
드는 것을 방지할 수 있다.

'자신의 힘'은 자신을 위해 쓰자

'할 수 있는 일'과 '하고 싶은 일'의 차이

'거절하는 힘'을 키우는 데 중요한 것은 하고 싶은 일과 하기 싫은 일을 명확히 구분하는 것이다. 그렇게 하지 않으면 선택의 기준을 세우는 것이 힘들어진다.

주위에서 '대단하다'라고 칭찬해줘도 가끔 왠지 기쁘지 않을 때가 있다. 왜 그럴까?

자신은 칭찬받을 만한 일을 하지 않았다고 생각하기

때문이다. 예를 들어, 회사에서 당신은 항상 신속히 일을 처리하기 위해 알아서 열심히 메모하고 긴장하며 업무를 본다. 그렇기 때문에 업무에 대한 진지하고 꼼꼼한 태도는 직장인의 기본 자세라고 생각한다. 그런데 누군가 그런 태도를 대단하다고 칭찬하면 과연 그 칭찬이 당신의 마음에 와닿을까?

혹은 요리, 청소, 빨래 등의 집안일을 매일 근근이 하고 있어 삶의 여유도 없고 너무 힘든데 누군가 당신 속도 모르고 집안일을 잘한다고 칭찬하면 그게 칭찬처럼 들릴까? 그냥 노력하면 누구나 할 수 있는 일이거나 필사적으로 해야 겨우 해낼 수 있는 일이라면 칭찬이 오히려 긍정적 효과를 낳지 못할 가능성이 있다.

칭찬을 받는 사람은 어쩌면 자신이 해내는 일을 누구든 당연히 할 수 있는 것이라고 생각하거나, 혹은 자신도 모르게 그 일을 해내기 위해 너무 많은 애를 쓰고 있었다고 생각한다. 자신이 이런 경우에 해당한다고 생각되면 좀 더 자신감을 가질 필요가 있다.

'나는 노력하면 뭐든 할 수 있어'라며 자신을 긍정적

으로 받아들이고 자신감을 가져도 좋다. 노력도 큰 재능이기 때문이다. 자신이 애쓰고 있는 일들이 실은 누구나 해내고 싶지만 제대로 못하는 것일 수 있다. 세상에는 노력 자체를 힘들어하는 사람도 많다(노력을 당연시하는 사람은 이해하기 어렵겠지만 말이다). 게다가 '노력해도 안 되는 사람' 역시 숱하게 많다. 남들이 다들 잘해내는 것처럼 보이지만 실은 그렇지 않은 경우가 많다는 것이다.

그러니 남들과 비교하면서 노력할 것이 아니라 자신의 능력을 기준으로 삼고 그 일을 해내기 위해 노력하는 것만 생각해야 한다. 중요한 것은 자신이 노력하면 할 수 있는 일을, 자신이 하고 싶은 일 혹은 즐거워하는 일과 구별할 수 있어야 한다는 점이다.

'무엇을 하고 싶은지' 결정하기를 귀찮아하지 말자

대개 하기 싫거나 흥미가 없는 일은, 뜻밖에 결과가 좋아서 남들로부터 칭찬을 받아도 그다지 기쁘지 않다. 심할 때는 '나는 도대체 뭘 하고 있는 거지?'라는 공허한 생각마저 들기도 한다.

반면 자신의 즐거움을 위해 재능을 발휘하고 있다면 자랑스러운 기분이 든다. 원래 달리기를 좋아하는 사람이 자신의 목표로 꿈꿔왔던 마라톤 대회에 출전해 입상까지 하고 주위로부터 칭찬을 받으면 얼마나 기쁠까?

자신의 힘을 우선적으로 자신을 위해 사용하고 있는가는 심리적 충족 상태와 밀접한 관계가 있다. 재능이 많거나 항상 의욕이 넘치는 사람은 무슨 일이든 잘하기 때문에 자신이 하고 싶은 것과 하고 싶지 않은 것을 굳이 알려 하지 않는다. 이런 사람은 아무리 스트레스가 쌓여서 힘든 상태라도 다른 사람에게서 부탁을 받거나 혹은 '이걸 하면 다들 좋아하겠지?'라는 생각이 들 경우 일단은 그것을 처리해야 직성이 풀린다.

하지만 이런 상황이 반복되면 자신과 주위 사람 간의 영역이 흐릿해진다. 주위 사람들은 '이 정도 일은 이 사람에게 식은 죽 먹기'라고 가볍게 생각하며 부탁하기 때문인데, 그 정도와 비례하여 자신은 점점 더 피곤해진다.

물론 흥미가 없는 일이라도 노력해서 좋은 결과를 내면 남들로부터 인정받을 수 있기 때문에 기쁘다. 기쁨을 느낄 수 있는 요소는 찾기 마련이라는 뜻이다. 다만 일을 수행하는 게 힘들게 느껴진다는 것은 그것에 기울이는 노력의 정도가 만족의 범위를 넘어섰다는 신호임을 알고 있어야 할 필요가 있다.

자기가 무엇을 하고 싶고 무엇을 하기 싫은지 명확히 인지할 수 있어야 자신의 힘을 자신을 위해 사용할 수 있다. 또한 일에 필요한 노력의 정도 역시 자신이 감당할 수 있는 범위 내에 있는지 살피는 것도 중요하다. 자신의 의지, 자신의 힘을 들여다볼수록 자신의 노력을 조절하는 능력이 생긴다.

싫은 일은 안 해도 괜찮다거나 하고 싶은 일만 하라는 뜻이 아니라 그 어느 것보다도 자신에게 중요한 일을 우선시하라는 의미다. 당신이 '자신의 힘'을 조절할 수 있다면 주위 사람들도 당신의 우선순위를 존중해줄 것이다.

아무리 고민스럽고
힘든 길을 걸어도
스스로 결정할 수 있는 힘만 있다면
헤쳐나갈 수 있다.

무의식 속 죄책감이 인간관계를 망친다

기대에 부응할지 말지도 당신의 선택에 달려 있다

남들이 부탁하기 쉬운 사람, 이래라저래라 하기 쉬운 사람들의 특징 중 하나는 타인의 기대에 부응하고자 하는 경향이 강하다는 것이다. 누구나 남의 기대를 저버리고 싶지는 않겠지만, 그 정도가 지나치면 아무래도 사는 게 힘들어질 수밖에 없다.

이런 사람들의 장점은 남의 기분을 잘 살피고 잘 읽어 낸다는 것이다. 때문에 이들은 상대가 자신에게 무엇을 기대하는지 감지해내고, 그에 맞추기 위해 애쓴다. 특히나 "이런 건 네가 제일 잘하잖아", "너라면 더 잘할 수 있어" 등의 격려를 받으면 무리를 해서라도 기대에 부응하려는 경우가 많다.

남의 의향을 읽어내는 능력이 발달한 사람들 중에는 이런 민감한 면이 자신에게 손해라고 생각하는 이도 있다. 차라리 모르는 게 마음 편하다는 것이다. 상대방의 기대를 아는 것만으로도 신경이 안 쓰일 수 없고, 그러니 피곤해진다며 말이다.

그런데 상대의 기대를 알아챘다 해도 당신의 마음이 동하지 않을 경우엔 무시하면 그뿐이다. 상대의 기대를 거절하는 것뿐만 아니라 그것에 신경 쓰이는 자신의 마음을 무시하는 것이 쉽지는 않다. 하지만 상대의 영역과 자신의 영역을 확실히 인지하고 구분하는 능력을 키운다면 이런 판단도 어렵지 않게 내릴 수 있다.

또한 남의 기분을 잘 읽어내는 민감한 성향에는 부정적 측면보다 오히려 긍정적 측면이 더 많다. 상대의 생각을 간파해서 적절한 대응이 가능하니 거의 항상 상대적

우위를 점할 수 있기 때문이다.

결국 상대의 기대에 부응할지 말지는 자신의 선택에 달린 일이다.

'부모에 대한 죄책감'이 지금의 자신에게 영향을 미친다

그렇다면 왜 우리는 누군가의 기대에 부응하려는 마음이 생기는 걸까? 여기에는 또 다른 본질적 이유가 있다.

바로 낙담하는 상대의 얼굴이 보고 싶지 않을 뿐만 아니라 상대가 자신에게 실망할 상황을 두려워하기 때문이다. 우리 주위에는 자신 때문에 주위 사람들이 실망하는 모습을 보는 걸 고통스러워하는 사람이 적지 않다.

그 원인을 찾기 위해서는 어린 시절로 거슬러 올라가 부모와의 관계 형성이 어떠했는지 살펴야 한다. 우리가 맺는 첫 인간관계의 대상은 부모이기 때문에 그 관계 설정에 따라 이후 타인과의 관계도 크게 달라진다.

또한 타인의 기대에 대한 부응에 신경을 쓰는 사람들 대부분은 부모의 기대에 부응하지 못한 채 어른이 되었다는 죄책감을 갖고 있다.

예를 들어 당신이 입시학원을 비롯해 피아노나 서예, 수영 등 각종 교육에 투자를 많이 하는 부모를 만나 다양한 배움의 기회를 누리며 자랐다고 가정해보자. 그런데 어른이 되어서 어린 시절 교육의 효과라고 할 만한 성과도 없이 변변치 않은 직장에 다니는 데다 돈도 많이 못 번다고 생각한다면 당연히 부모님을 뵙기가 죄송스러워 죄책감을 느끼기 마련이다.

많은 부모들이 자식에게 해준 것이 많지 않아 미안해하듯, 자식들 또한 부모에게 반항만 하고 제대로 효도하지 못한 것 같아 마음 한구석에는 죄책감을 무의식적으로 갖고 산다. 그런데 부모님의 관심과 기대에 부응하지 못했다는 자책에 빠지면 그에 따르는 죄책감으로 인해 부모와는 상관없는 타인과의 관계에서도 기대에 부응해야 한다는 자의식이 발동하게 된다.

당신이 공격당하기 쉬운 이유

죄책감은 인간관계 전반에 영향을 미친다.

부모의 기대와 자신이 하고 싶은 일이 어긋나면 아무래도 심적으로 빚을 졌다는 느낌이 든다. 그런데 생각해보면 부모가 어떤 기대를 품든 그것은 부모의 마음일 뿐이다. 다시 말해 자식이 그 기대에 반드시 부응해야 할 필요는 없다는 것이다.

이렇게 다른 사람의 마음에 영향을 받는 사람은 쉽게 죄책감에 사로잡힐 수밖에 없다. 그리고 이런 사람의 영역은 타인이 침범하기가 쉽다.

원래 사람은 자신이 나쁜 짓을 했다고 생각하면(실제로는 나쁜 짓이 아니더라도) 무의식적으로 벌을 받아야 한다고 여긴다. 게다가 그런 생각은 주위 사람에게 쉽게 전달되어 결국 그들로부터 어떤 부탁이나 명령을 받기 쉬운 사람, 즉 공격받기 쉬운 상태가 된다. 마음속 죄책감이 크면 클수록 남들의 기대에 부응해야 한다는 생각도 동시에 커진다.

하지만 남들의 기대에 부응한다 해도 그들이 당신의 인생을 책임져주는 것은 아니다. 그러므로 냉정을 찾고 자신과 상대방 사이에 선을 그어야 한다.

타인의 기대에 부응해야 한다고 느끼는 것에는 부모에 대한 죄책감 외의 이유도 존재한다.

어릴 때 학업 성적이 좋았거나 '착한 아이'라는 칭찬을 많이 받은 사람들 역시 자신에 대한 주위의 인정을 당연시하는 경향이 있다. 다시 말해, 항상 인정받고 살아온 사람들은 '타인의 기대에 부응하지 못하는 나는 가치가 없는 사람'이라고 무의식적으로 느끼며 스스로를 억압하기 때문에 상대를 실망시키고 싶지 않다고 생각하는 것이다.

나에 대한 상대의 평소 생각이 짐작되어도 '나는 어떻게 하고 싶은가'를 먼저 확인하고 넘어가겠다는 마음가짐이 필요하다. '마음에 들지 않으면 하지 않아도 된다'는 여유를 가지면 자신이 진정으로 어떻게 하고 싶은지를 냉정하게 생각할 수 있다.

그 사람이 곤란해진 건
당신 탓이 아니다

때론 이유 없이 거절해도 괜찮다

타인의 기대에 부응하고 싶은 마음과 타인에게 도움이 되고 싶은 마음은 매우 유사한 심리 상태다. 누구든 타인에게 도움이 되면 기쁨을 느낀다.

그런데 그 일이 자신이 바라고 좋아서 하는 것이라면 상관없지만, 싫어도 어쩔 수 없이 해야 하는 것일 경우도 있다. 그럴 때에도 대부분 사람들은 꾹 참고 그 일을 한다. 기대에 부응하고 싶고, 도움이 안 되는 자신은 쓸모없다고 여기기 때문이다.

그렇다면 '남에게 도움이 되어야 한다'는 생각에 사로 잡혀 사는 삶이 과연 행복할까? 어쩐지 갑갑하게만 느껴진다. 상대의 요구를 확실히 거절하지 못하면 급기야 상대는 자신의 요구가 당연하다고 생각한다.

예를 들어 다음과 같은 경우가 이에 해당한다.

"부동산 거래는 내가 잘 모르는데, 방 구할 때 같이 가줄래? 부탁할 사람이나 가족이 주변에 없어서 그래."

당신은 이런 말을 듣고 상대를 도와줘야겠다는 마음에 어쩔 수 없이 부동산까지 함께 간다. 그런데 그다음에도 상대는 "마음에 드는 방이 없어. 한 번만 더 같이 가줄래?" 하고, 당신은 별수 없이 시간을 쪼개 마지막이라고 생각하며 부탁을 들어준다. 그리고 이후 상대방은 "돈이 없어서 이삿짐센터를 부르지 못하는데, 이사 좀 도와줘"라고 아무렇지도 않게 말한다.

이렇게 연쇄적으로 부탁이 반복되는 상황에서 '내가 왜 이렇게까지 해줘야 해?'라는 불만을 품으면서도 웬일

인지 거절하지 못하는 사람이 있다. 곤란한 상황에 처한 사람이 있으면 그냥 지나치지를 못하는 것이다. 이런 타입의 사람은 거절 자체에 강한 죄책감을 느낀다.

해줄 수 있는 범위를 정해서 도와주자

이럴 때는 자신과 상대방의 영역 의식을 명확히 하는 것이 중요하다. 앞서 살펴봤듯 죄책감을 느끼면 다른 사람에게 자신의 영역을 침범당하기 쉽다.

그렇기 때문에 누군가 곤란한 상황에 처해 있다면 자신이 할 수 있는 범위 내에서 대응해보자. 가령 지인이 전화로 "나 너무 우울해. 내 이야기 좀 들어줘!"라고 하면, 대개는 무슨 일이 있는지 궁금하기도 하고 힘이 되어주고 싶어서 그 부탁을 들어준다.

하지만 과연 이야기를 들어주는 것만이 정답일까? 선택지는 많고, 그중에는 '거절'이라는 것도 있다. 어떤 선택을 할지는 순전히 당신의 마음인 것이다. 매번 별것도 아닌 일로 상대가 내 시간을 빼앗는 것일 수도 있고, 현재 내가 상대의 기분을 받아들일 수 있는 상태가 아니라면 자신을 우선하는 게 옳은 판단이다.

'가능한 범위', '해줄 수 있는 범위' 안에서만 뭔가를 해줘도 충분하다. 또한 아무것도 하지 않았다 해서 상대로부터 싫은 소리를 들을 이유는 없다.

그런 당신을 탓하는 사람이라면 거리를 두면 그뿐이다. 그런 이들과는 지금이 아니더라도 언젠가는 서로의 영역을 존중하며 지내기 힘든 때가 올 것이다. 당신은 당신을 좋아하고 소중히 여기는 사람과의 관계에 집중해야 한다.

보답을 바라는 자기희생은 삶을 피폐하게 만든다

뭔가를 참으면서까지 도움이 되려고 애쓰다 보면 상대의 보답을 바라거나 자신의 노력을 알아줬으면 좋겠다는 마음이 생기기 마련이다. 대개는 자신의 도움을 상대가 전혀 알아주지 않고 너무나 당연시해서 서운함을 느낄 때 그런 마음이 생긴다.

그럴 때는 괜히 끙끙대지 말고 자신의 생각을 솔직하게 말하자. 하지만 마음의 응어리를 솔직히 털어놓았는데 상대는 의외의 반응을 보이는 경우가 더러 있다. "응? 왜 감사해야 해? 난 억지로 하라고 하지 않았어. 네가 좋아서 한 거 아니야?" 같은 것이 그 예다. 이런 반응에 상처받는 사람도 많을 것이다.

어쩌면 상대는 당신보다 영역 의식이 명확하고, 그래서 당신이 가능한 범위 내에서 부탁을 들어줄 수 있는지 물은 것뿐일지도 모른다. 그런데 당신이 지나치게 무리를 해서 도와준 것이고 말이다.

이런 사람들은 의외로 많다. 타인에게 도움이 되고 싶다는 생각이 강한 내담자에게 나는 "희생은 이제 그만합시다"라고 말한다. 이런 성향이 강한 내담자 중에는 남을 위한다는 이유로 자신을 희생하고 있음을 자각하지 못하는 사람이 많기 때문이다.

처음에는 '내가 할 수 있는 한 도와주는 게 무슨 큰일이야'라고 대수롭지 않게 여기지만, 무의식적으로는 '이것만 해주면 저 사람도 내게 고마워하겠지'라고 생각하거나, '거절하면 서운해할 거야'라며 죄책감을 느끼기도 한다. 그런 부탁과 도움이 반복되면서 당신은 점차 상대방에게 뭔가 보답을 바라게 되고, 아무런 보답도 없자 힘들어하는 자신을 뒤늦게 발견하는 것이다. 우리의 삶은 이런 식으로도 점점 피폐해질 수 있다.

때문에 남을 위한다는 이유로 자신을 갉아먹고 있는 것은 아닌지 스스로 판단할 수 있는 냉정함을 기르는 게 무엇보다 중요하다.

누군가에게 도움이 되고 싶은 마음은 상대가 기뻐하면 좋겠다는 애정에서 비롯된다. 하지만 만약 당신이 스스로를 희생하지 않고선 인정받을 수 없다고 생각한다면 그것은 자신의 가치를 필요 이상으로 과소평가하는 일임을 명심하자. 당신에게는 선택지가 많고, 당신은 스스로 충분히 존중해야 할 존재다.

당신이 관계에 지친 이유는
혹시 남을 위한다는 생각에
자신을 너무 희생했기 때문이 아닐까?

대립하지 않고 원하는 것을 얻는 비결

분위기를 반드시 맞춰야 할까

영역 의식이 낮은 사람은 대개 집단 속에서 자신의 의견을 내세우기보다는 주위에 맞추는 경향이 강하다. 사회생활을 하는 데 있어 협조는 반드시 필요한 소양이지만 가끔은 '이건 아니잖아?'라는 생각이 들기도 한다.

새 직장에 취직해서 열심히 일하고 있는 상황이라고 가정해보자. 당신이 맡은 업무를 살펴보니, 전임자가 야

근까지 하면서 진행했다고 하는데 막상 직접 해보니 오후 3시 전에 끝나는 수준이었다. 당연히 '어? 이상한데?'라고 생각할 것이다. 이때 한 선배가 이렇게 말한다. "네가 그렇게 혼자 잘해버리면 회사는 모든 직원이 다 그렇게 할 수 있다고 생각하잖아. 다른 사람들이 욕먹으니까 적당히 하자, 좀."

이런 상황이라면 아무래도 고민스러울 수밖에 없다. 선배의 말이 이해 안 되는 건 아니지만 일을 적당히 한다는 것도 뭔가 꺼림칙하다. 그렇다고 선배를 적으로 돌려 세울 수도 없는 노릇이다.

이럴 때 가장 중요한 것은 '자신이 어떻게 하고 싶은가'다. 앞에서도 살펴봤듯 자신의 의지대로 살려면 무엇보다 먼저 자신이 하고 싶은 일과 하기 싫은 일을 명확히 구분해야 한다.

냉정히 생각해보면 선배는 영역 의식이 낮은 사람이다. 이런 사람에게 맞춰 행동하는 것은 추천하고 싶지 않다. 왜냐하면 앞으로도 상대는 점점 당신의 영역을 침범할 것이고, 이런 상황이 계속되면 결국에는 '네가 내게 맞추는 게 당연하다'는 착각에 이르기 때문이다.

그렇게 생각할 수도 있구나

만약 상대가 영역 의식이 낮다면 그 사람을 부정해서는 안 된다. '넌 틀렸어'라는 지적은 삼가는 게 현명하다는 뜻이다.

상대방을 부정하는 것은 '내가 옳다'고 주장하는 것과 마찬가지고, 때문에 옳고 그름을 따지는 논쟁으로 발전하기 일쑤다. 그러면 자신이 상대의 영향을 받고 있음을 인정하는 꼴이 되고, 이 사실을 알면 상대는 더욱 노골적으로 당신의 영역을 침범하려 들지도 모른다.

보통 이런 상황에 처하면 상대로부터 적당히 일하라는 강요를 받았다고 생각하기 마련이다. 하지만 현실은 다를 수도 있다.

복잡하게 생각하지 말고 단순히 '저 사람의 생각은 이렇구나' 하고 받아들이면 된다. '당신은 그렇게 생각할지 몰라도 난 달라' 하고 마음속으로 생각의 차이를 인정하라는 의미다. 그리고 자신이 하고 싶은 대로 '묵묵히' 처신하면 된다.

굳이 상대방에게 반론하거나 자신의 의견을 말할 필요는 없다. 말로 꼬투리가 잡혀 언쟁이라도 일어나면 곤란할 뿐만 아니라 의견 대립이 명확해지는 상황은 당신이 본의 아니게 고립되는 원인이 되기도 하기 때문이다.

중요한 것은 상대와 대립하지 않으면서도 그 사람이 시키는 대로 따르지는 않는 것이다.

상대방이 이래라저래라 해도 "아, 죄송해요. 제가 성미가 급해서 그만……"이라고 자신의 '성격' 탓으로 돌린 뒤 더 이상 문제를 일으키지 않는 방법도 있다. 능력이 뛰어난 게 아니라 그런 성격이라고 하면 분란이 줄어들 가능성이 높다.

이렇게까지 했는데도 상대가 납득하지 않으면 적당히 시간을 둔 다음 상사나 책임지와 면담을 통해 개선안을 제안하는 식으로 해결하자.

몰래 따라 하는 사람 대처법

주위에 영역 의식이 낮은 사람이 있으면 '흉내'가 문제가
되기도 한다.

예를 들어 당신은 시간을 들여 데이터를 모으고 힘들
게 분석해서 기획서를 만들었는데 동료가 똑같이 베껴서
제출했다. 게다가 이런 일이 한두 번 있었던 것도 아니다.

데이터는 어디에서나 얻을 수 있는 것이니 따라 하려
면 누구나 얼마든지 가능한 환경이다. 때문에 따라 하는
것을 그만두면 좋겠다고 다그치기에도 증거가 없어서 애
매하다.

이럴 경우 당신이 지적해봐야 상대가 인정하지 않으
면 당신만 의심 많은 사람이 된다. 그 사람과는 앞으로
계속 얼굴을 보고 일해야 하니 직접 대립하는 건 피해야
한다.

가장 현명한 방법은 상사가 잘 보고 판단해줄 거라는
믿음을 갖고, 상대에게 신경 쓰지 않으며 당신이 해야 할
일에만 집중하는 것이다. 하지만 아이디어는 물론이고 기

획서 작성에 공들인 시간을 생각하면 모두 수포로 돌아가는 것 같아 화가 날 수도 있다.

이럴 때는 필요 이상의 정보를 노출하지 않고 기한 직전까지 기획서를 제출하지 않는 방법을 써보자. 혹은 반대로 좋은 아이디어가 떠올랐을 때 곧바로 주위 사람들에게 공개해서 그들을 자기 편으로 만드는 방법도 좋다.

이렇게 대처하면 몰래 따라 하는 사람 때문에 생기는 스트레스를 어느 정도는 방지할 수 있다. 구체적인 행동을 통해 강제로 선을 긋는 것이 대립을 만들지 않으면서 자신을 지키는 현명한 방법임을 기억하자.

지나치게 엄격한 상사는 경계심이 많다

슬금슬금 피하는 건 역효과를 불러일으킨다

직장에서의 인간관계 때문에 힘들다며 상담을 요청하는 내담자가 매우 많다. 그중 가장 많은 비중을 차지하는 주제는 상사와의 갈등인데, 대부분은 상사가 매번 말을 바꾸거나 비상식적인 지시를 해서 힘들다고 토로한다.

'나는 나, 너는 너'와 같은 식의 선 긋기를 하고 싶어도 직장에서는 상사의 생각이나 지도를 받아들여야만 하는 경우가 많다. 이런 상황이라면 부하 직원은 어쩔 수 없이 참고 또 참아야 하는 입장에 처한다. 그 자체만으로 과도한 스트레스에 노출될 수밖에 없는 것이다.

부하 직원을 못살게 구는 상사의 유형은 크게 다음과 같다.

- 알아서 보고 배우라고 방치할 뿐 상세히 가르쳐주지 않는 상사
- 부하 직원이 일하는 모습을 면밀히 체크하고 항상 감시하는 상사
- 말투가 거칠고 쉽게 화를 내는 상사

이런 유형의 상사들은 가능하다면 피하는 게 상책이다. 상대하면 골치만 아프기 때문이다. 하지만 이것이 현실적으로 가능할까? 상사를 피한다고 문제를 해결할 수는 없다.

상사 입장에서는 자신을 피하는 부하를 금세 알 수 있어서 오히려 불신만 더 커진다. 그러면 사소한 일에도 민감해져서 당신을 대하는 태도가 훨씬 더 엄격해질 게 뻔

하다. 그럼 어떻게 해야 상사와 잘 지낼 수 있을까?

바로 상사의 '감정'에 주목하는 것이다. 회사에서는 공과 사를 구분해야 한다지만 인간은 감정에 휘둘리기 마련이다.

부하 직원에게 있어 상사와의 관계는 대개 상사의 감정이나 심리를 이해하고 맞춰야 하는 방식으로 이루어질 수밖에 없다.

왜 자신이 굽혀야 하는지 모르겠다며 불만을 토로할지 모르겠지만, 이렇게 하는 가장 큰 목적은 상사와 원만한 관계를 유지해서 보다 편하게 일을 하는 것 아니겠는가?

자신의 목적을 이루기 위해 주체적으로 상사를 이해하고 대응하겠다는 생각이 무엇보다 중요한 대목이다.

일을 가르쳐주지 않는 상사에게 대처하는 방법

먼저, 상사가 엄격한 태도를 보이는 이유가 어디에 있는지 생각하는 것에서부터 시작해보자.

상사가 업무에 대한 내용을 상세히 가르쳐주지 않고
그저 스스로 해결하라는 입장만을 취한다면, 상사 자신
도 부하 직원이었을 때 그의 상사에게 똑같은 방식으로
당하고 어렵게 본인 스스로 일을 익혔을 가능성이 크다.
때문에 '일은 스스로 익히는 것'이라는 인식이 강하거나
'나는 고생하며 여기까지 왔으니 내 부하 직원에게도 그
렇게 쉽게 가르쳐주고 싶지는 않다'는 심리가 작용하는
것이다.

이런 상황에서 '가르쳐주는 게 당연하다'는 입장을 부
하 직원이 내세우면 상사는 점점 더 엄격해지고 결과적으
로 갈등이 조장될 수밖에 없다.

이럴 땐 가능한 한 자발적으로 조사해서 업무를 진행
하되 도저히 해결할 수 없는 문제만 상사에게 자문을 구
하는 식으로 처리하는 게 좋다. 문제가 있는 부분을 해결
하기 위해 자신이 어떤 노력을 했는지, 그럼에도 해결되
지 않아서 도움을 요청하게 된 사정을 설명하도록 하자.
그리고 상사가 도와준 것에 대해서는 '덕분에 제가 배우

는 것이 많다'고 고마움을 표하자.

왜 빠른 길을 두고 굳이 둘러 가는지, 왜 이렇게 힘들게 불합리함에 자신을 희생해야 하는지 모르겠다고 생각할 수도 있겠지만 모든 사람이 자신과 같을 수는 없는 것이 현실이다. 서로 조금씩 맞춰나가야 한다. 많이 맞춰야하는 상대가 있는가 하면 조금만 맞춰도 이심전심으로내 마음을 알아주는 상대도 있다. 나 자신을 바꾸기 힘든것처럼 상대를 내 입맛에 맞게 바꿀 수도 없는 노릇이니조금씩 서로에게 맞춰 잘 대응하도록 하자.

부하를 감시하는 상사에게 대처하는 방법

상사가 부하 직원들의 업무를 세세히 체크하거나 행동을감시하는 이유에 대해서는 크게 두 가지 가능성을 생각해볼 수 있다.

첫째, 부하 직원이 아직 상사의 신임을 얻지 못했을 경우다. 이럴 때는 상사의 지시대로 일을 처리하며 상사가 안

심하고 일을 맡길 수 있는 존재가 되도록 노력해야 한다.

모든 일을 세세히 체크하는 상사는 책임감이 강하고 자신이 모든 일을 다 파악하려는 성향이 강하다. 때문에 상사의 이런 욕구를 잘 이해하고 진행 상황을 틈틈이 보고하기만 하면 의외로 큰 문제없이 회사생활을 할 수 있다.

둘째는 상사가 부하 직원에게 심한 경쟁심을 갖고 있는 경우다. 부하 직원의 업무 처리가 뛰어나면 대개 상사는 자기 자리가 위험하다고 생각하며 경계심을 보인다.

만약 그가 과거 부하 직원이었을 때 자신의 상사를 뛰어넘겠다는 각오로 일을 했다면 아마 지금의 자신 역시 부하 직원에게 따라잡힐지 모른다는 위기감을 느낄 것이다. 이럴 때는 상사가 경계심을 풀 수 있도록 그에게 필요한 지원자 역할을 자처해보자. 이렇게 하면 의외로 문제가 쉽게 풀리는 경우가 많다. 당신이 열심히 일하는 이유는 혼자 돋보이려 함이 아니라, 상사와 우리 팀을 위한 것임을 내세워 상사를 안심시키는 것이다.

이 두 가지 가능성은 서로 구별하기 쉽지 않고 상사가
둘 모두를 느끼는 경우가 많기 때문에 동시에 대책을 세
우는 게 좋다.

말투가 거친 상사에게 대처하는 방법

어쩌면 말투가 거칠고 쉽게 화를 내는 상사가 가장 상대
하기 힘든 유형일지도 모른다. '네 편과 내 편'이라는 장
벽을 만들고 자신이 안심할 때까지는 부하 직원을 적으
로 간주하는 성향이 강하기 때문이다. 자신을 배신할 사
람이 아니라고 믿을 수 있을 때까지 이런 식으로 계속 부
하 직원을 시험하는 것이다.

이렇게까지 경계심이 강한 상사는 과거에 인간관계에
서 크게 상처받은 경험이 있을 가능성이 높다. 어찌 보면
자신을 지키기 위해 공격적인 태도를 보이는 것이라고도
할 수 있겠다. 이럴 때는 상사가 아무리 험하게 대해도 적
극적으로 따르는 모습을 계속 보인다면 언젠가 믿음을
얻을 수 있다.

다만 그게 반년 후일지 1년 후일지 알 수 없다는 것이 문제긴 하다. 견디며 기다리는 것만으로도 상처에 계속 노출되는 셈이기 때문에 스트레스로 병을 얻을 수도 있다. 그러니 어느 정도 노력해본 뒤 안 된다고 느낀다면 기다림을 포기하고 적당히 거리를 두면서 태풍이 지나기를 기다리는 심정으로 조용히 회사생활을 하는 게 오히려 속 편할 수도 있다. 물론 업무적으로 문제가 되는 일이 없도록 최선을 다해야 함은 당연하다. 이런 타입의 상사는 일을 잘하든 못하든 상관없이 트집을 잡아 화를 내기 때문에, '최선을 다한다'에 대한 당신의 기준을 그 상사가 아닌 다른 책임자나 회사의 기준에 맞춰 판단하도록 하자. 그럼에도 견디기 힘들다면 자신의 편의를 우선적으로 생각하여 향후 나아가야 할 길을 선택해야 한다.

거리를 둔다는 것이 도망침을 의미하는 것은 아니다. 때로 거리감은 서로가 서로에게 '소중한 사람이었구나' 하고 생각하며 반성하는 계기가 되어주기 때문이다.

진짜
도와주고
싶은데

I'M SORRY

청신이 없어서

Chapter 2

비교 심리에
대처하는 방법

남 배려하느라 손해 보는 건 그만하자

누구나 '나는 가치 있다'고 생각한다

원만한 인간관계를 유지하기 위한 제1원칙은 건전한 영역 의식을 기반으로 서로를 존중하는 것이다. 만약 영역 의식이 낮아 타인의 영역에 쉽게 드나드는 사람을 만난다 해도 본인만 선 긋기를 잘하면 그런 사람들 때문에 희생 당하는 일을 줄일 수 있다.

2장에서 살펴볼 '비교'는 영역 의식과 깊은 관련이 있는 심리 문제다. 자신과 타인을 비교할 때는 다양한 감정이 작용하기 때문에 서로의 영역 의식이 모호해진다. 만약 누군가 당신과 자신을 비교해서 감정 및 행동으로 서로의 영역을 넘나들게 되면, 당신은 그 사람에게 잘못한 것이 없음에도 타인과의 관계에서 문제가 일어날 수 있다.

예를 들어 A씨는 상사의 신뢰가 깊어서 중요 업무를 맡고 있는 데 반해 동료인 B씨는 그렇지 않아서 불만을 갖고 있는 경우를 살펴보자.

B씨는 A씨가 마음에 들지 않아 늘 도끼눈을 뜨고 그의 일거수일투족을 지켜보고 있다. B씨는 그런 감정을 티 내지 않으려 애쓰지만 어쩐지 업무 협조도 원활하게 이루어지지 않는다. 그런 그와의 심상치 않은 기류를 느낀 A씨는 그 상황이 힘들어 그냥 조용히 지내고 싶은 마음뿐이다.

A씨가 중요한 업무를 맡고 있는 것은 B씨 상황에 아무런 영향을 미치지 않는다. 즉, A씨가 잘나간다 해서 B씨가 곤경에 처하는 일은 없다. 그럼에도 B씨는 지금의 상황을 받아들이지 않은 채 그저 A씨가 있어서 자신이 상사의 눈에 들지 못한다고, 또 자신에게 중요한 업무가 맡

겨지지 않는 것이라고 생각한다. 물론 그건 B씨 자신조차 의식하지 못하는 그의 내밀한 본심이다.

B씨가 A씨에게 경쟁 심리를 느끼고 A씨의 발목을 잡는 듯한 행동을 하는 이유는 '자신의 가치'가 떨어질 것이 불안하기 때문이다. 그래서 어떻게든 '자신의 가치'를 증명하려고 심술을 피우는 것이다.

내 탓부터하는 습관을 버려라

이런 상황은 회사나 학교 등 어떤 단체, 어떤 조직에서나 발생하곤 한다. 그렇기에 A씨의 입장과 B씨의 입장 모두를 이해할 수 있는데, 특히나 B씨는 처한 상황이 안타깝기도 하다.

그렇다고 A씨가 B씨를 배려해서 상사를 멀리하거나 중요한 업무를 거절하는 게 옳은가 하면 그렇지도 않다. B씨가 A씨를 못마땅하게 생각하는 것은 어디까지 B씨의 문제이기 때문이다.

A씨는 B씨의 행동을 보고 속이 상하거나 화가 나기

도 하고, 마음 한편에서는 B씨가 자신의 존재를 불쾌하게 느끼고 있다는 것을 자각하면서 상처받을 수 있다. 자신의 행동이 타인의 반감을 사거나 타인에게 상처를 준다고 생각하면, '내가 있어서 불쾌한 사람이 있구나. 그렇다면 난 여기에 없는 편이 좋을지도 몰라. 될 수 있으면 눈에 띄지 않게 조용히 지내는 게 좋겠어' 하고 움츠리게 된다.

남들에게 폐가 되느니 차라리 내가 참고 양보하겠다는 심리의 바탕에는 '나 때문에 상대방이 불쾌해한다', '내가 변하지 않으면 상대의 기분도 변하지 않는다', '내가 눈에 띄지 않도록 행동해야겠다'는 생각이 자리 잡고 있다. 이처럼 뭐든 자동적으로 '내 탓'이라며 자책하는 것은 사소한 일에도 습관적으로 죄책감을 느끼게 만들기 때문에 좋지 않은 버릇이다.

누군가에게서 이유 없이 미움을 받더라도 절대 상대의 태도에 동요하여 자신을 잃어서는 안 된다. 남들의 반응이 두려워 자신의 가능성을 제한하는 것은 남들을 위해

자신을 희생하는 것과 마찬가지다. 뿐만 아니라 스스로
에 대한 인식도 왜곡되기 시작한다.

남 때문에 나의 가능성을
제한하지 마라

가까운 존재라서 우열 의식이 생긴다

자신을 남과 비교하는 것은 극히 자연스러운 일이다. 어린 시절 한두 번씩 운동선수를 꿈꿔본 사람은 많지만 대부분은 그 꿈을 일찌감치 포기한다. 스포츠라는 것 자체가 끊임없이 비교를 동반한 경쟁이기 때문이다. 자신의 페이스나 능력에 집중하는 것이 중요하긴 하지만 자신보다 운동 능력이 뛰어난 사람을 의식한 이상 비교하지 않을 수는 없다.

앞의 예를 다시 살펴보자. B씨가 A씨에게 복잡한 감정을 품은 이유는 B씨에게 있어 A씨는 가까운 사람이고 지향하는 바도 자신과 비슷하며 같은 세계에 살고 있는 사람이기 때문이다. 이런 상황에서는 아무래도 우열을 의식하지 않을 수 없다. 자신이 뒤처진다고 생각하면 비참한 기분이 들기도 할 것이다.

그러나 B씨가 A씨에게 어떤 태도를 보일지는 오롯이 B씨의 선택에 달려 있다. '재수 없어', '함께 일 못 하겠어'라고 생각해도 A씨는 어쩔 도리가 없다. 하지만 B씨의 감정이나 행동에 A씨가 책임을 느낄 필요 또한 전혀 없다. 행동과 선택은 본인이 책임지는 것이자 본인 자신만이 바꿀 수 있는 것이기 때문이다.

대부분은 질투가 두렵다

B씨가 A씨에게 느끼는 감정은 '질투', 즉 자신과 타인을 비교했을 때 타인에 대해 느끼는 부러움이다.

질투라고 하면 대개 외모나 경제력 등이 뛰어난 사람

이 주위로부터 미움을 사고 견제받는 장면을 떠올리곤 한다. 이처럼 비교 대상이 겉으로 명백히 드러나는 경우도 있지만, 일반적으로는 남모르게 비교하고 고민하는 경우가 훨씬 많다.

질투는 타인과의 관계 속에서 '비교'로 유발되는 감정이다. 때문에 상대로 하여금 '복 받았네', '운도 좋군', '잘 나가네'라고 느끼게 만드는 것은 사람이든 일이든 질투의 대상이 된다.

세상 사람들 대부분은 이런 감정에 매우 익숙하다. 우리는 어린 시절부터 사회생활을 하면서 자연스레 '비교'라는 감정을 느꼈고, 남을 질투하거나 때론 질투의 대상이 되기도 했다. 더불어 혹시라도 타인이 질투하는 대상이 되면 곤란해지니 잘난 척하는 것처럼 보여선 안 된다고 느낀다. 그런 상황을 견디는 게 힘들기 때문에 대개는 A씨처럼 피하고 싶어 하며 무의식적으로 '양보'를 선택하는 것이다.

나는 그런 상황에 놓인 내담자들에게 이렇게 말한다.

"그 문제에서 자유로워지겠다고 의식해보세요", "본인이 좋아하는 일에 집중하는 게 어떨까요?", "자신에게만 집중하세요. 자신이 얼마나 매력적인 사람인지를 생각하세요"

문제 상황으로부터 벗어나서 사고하고 행동할 수 있도록 조언해주는 것이다. 하지만 내담자들 대부분은 "질투를 받는 게 두려워요"라며 누군가로부터 미움받는 상황 자체를 견디지 못한다.

원래 '그런 사람'도 있다

질투라는 감정은 매우 다양한 형태로 드러난다. 단순히 거리를 두거나 비아냥대는 태도, 또는 뒷담화를 하거나 B씨처럼 업무를 방해하는 것 등이 그 예다.

가벼운 수준의 형태라면 당신도 어느 정도 대처할 수 있을 것이다. 하지만 자신의 질투심을 계속 강경한 태도로 드러내는 사람이 있다면 원래 '그런 사람'이라고 담담하게 받아들이며 대하는 게 좋다.

'그런 사람'들은 대개 불안, 초조, 포기, 무력감, 자기 비하 등의 감정에 사로잡혀 정신이 불안정한 상태에 있는 경우가 많다. 다시 말해 이미 마음이 건강하지 않은 사람이란 뜻이다. 당신이 공격을 받은 이유는 당신에게 문제가 있어서가 아니라 그들에게 당신이 그저 방아쇠와 같은 존재였기 때문이다.

그 사람이 그런 성향을 갖게 된 데는 나름의 사정이 있겠지만, 그건 그 사람의 일일 뿐이다. 그 사람을 위해 당신이 배려할 수 있는 게 있다면, '이 사람은 그동안 뜻대로 풀리는 일이 없었구나. 얼마나 절망하며 힘들게 살아왔을까' 하며 그의 사정을 이해하려고 노력하는 것 정도다.

당신 주변에 '그런 사람'이 있어도 신경 쓰지 않기 위해 당신이 하고 싶은 일, 당신이 기쁜 일을 우선시하고 집중해보자.

누군가로부터
이유 없이 미움을 받더라도,
절대 상대의 태도에 동요하여
자신을 잃어서는 안 된다.

고압적인 태도는
당신을 인정한다는 증거다

미움받고 있다고 생각될 때

미워해서인지 어쩐지 모르겠지만 상대가 나를 언짢게 대하거나, 혹은 별다른 말은 없음에도 자신을 멀리하는 듯 미묘한 긴장감이 맴도는 경우가 있다.

　남이 공격적인 태도를 보인다면 그 사람은 나에 대해 뭔가 감정적으로 맺힌 응어리가 있을 가능성이 매우 높다. 보통은 마음에 들지 않는 사람이 있어도 자신에게 위협이나 영향을 주지 않는 한 사무적 수준의 관계를 유지하기 때문이다.

앞서 말했듯 누군가 자신을 탐탁지 않게 여겨도 그건 오롯이 그 사람이 감당하고 해결해야 할 문제다. 하지만 그로 인해 당신이 스트레스를 받을 수밖에 없는 것 역시 사실이므로 대책을 강구하는 게 좋다.

이런 경우에는 상대가 '마음속으로는 싫어해도 직접적으로는 아무 말 안 하는 타입'인지 '얼굴을 보며 대놓고 싫은 소리를 하는 타입'인지 구분해서 대처해야 한다. 두 경우는 공격하는 사람의 심리 상태가 다르기 때문이다.

겸손이 경쟁심을 사기도 한다

그럼 먼저 '마음속으로는 싫어해도 직접적으로는 아무 말 안 하는 타입'에 대해 살펴보자. 어쩌면 당신은 상대방에게 인정받고 있을지도 모른다. 그렇기 때문에 직접적인 피해는 없지만 뭔가 분위기가 냉랭하거나 긴장감이 돌고 불편한 기분이 드는 것이다.

신기한 것은 상대방이 구체적으로 말하지 않아도 자신

을 '탐탁지 않게 생각'하고 있음을 인지할 수 있다는 점이다. 상대방이 말을 하지 않으니 그 의중을 알 수 없어 당신은 헷갈리는데, 상대는 바로 그렇게 알 수 없는 분위기로 당신을 흔들어 혼란스럽게 만들고 싶은 것이다. 그러면 당신은 감정에 휘둘리고 그를 어떻게 대해야 할지 망설이게 된다.

이런 경우 어떤 식으로든(상대의 감정을 진지하게 묻거나 서운함을 토로하는 등) 섣불리 나서지 않는 것이 좋다. 그렇다고 겸손한 태도를 보이는 것도 바람직하진 않다. 그런 태도는 오히려 상대방의 경쟁심과 질투에 기름을 붓는 격이 될 수 있다.

이럴 때는 자신을 낮추기보다 자신의 영향력을 있는 그대로 인정하는 것이 효과적이다. 물론 그 전에 자신을 돌아보는 것도 중요하다. 어쩌면 자신이 정말 상대에게 실수를 했을지도 모르니 말이다. 하지만 어떤 잘못이나 실수도 없었는데, 상대에게 경쟁심과 질투라는 감정이 생겨난 거라면 죄책감이나 겸손 대신 자신의 모습을 있는 그대로 인정하고 상대에게는 아무 반응도 보이지 않는 것이 좋다.

이는 상대방에게 오만해 보이게끔 행동하라는 의미가 아니라 자신의 영향력을 사실 그대로 인정하라는 뜻이다. 만약 그런 상황에서 당신이 상대의 분위기에 압도돼 위축되거나 흔들리는 모습을 보이면 상대는 그것이 당신의 약점임을 알아차리고 앞으로도 계속 그런 태도를 고수 혹은 강화해나갈 것이다.

그러니 스스로에게 당당하고 흔들리지 않는 모습을 보여라. 그렇게만 해도 상대에게 영향을 미칠 수 있다.

당신이 생각하는 자신과 남들이 보는 당신은 다르다

만약 갈등 관계인 두 사람의 직급과 능력이 비슷하다면 서로 항상 복잡미묘한 감정에 사로잡혀 묘한 라이벌 관계를 유지할 수밖에 없다. 이럴 때 둘 중 한쪽이 한 단계 더 위로 올라간다면 갈등은 의외로 쉽게 해결될 수 있다.

자기 능력은 생각하지 말고 무조건 위로 올라가라는 것이 아니라 본래 자신이 있어야 할 위치로 돌아가라는 의미다. 즉, 승진과 같은 직급뿐 아니라 자아인식의 수준도 상승시키라는 것이다.

사람들은 대개 경쟁이나 라이벌 구도와 같은 긴장된 상황에 처하기 싫기 때문에 이를 회피하려 한다. 그래서 자신의 영향력이 어느 정도인지 알지 못하거나(혹은 알고 싶어 하지 않거나) 자신의 가치를 과소평가하여 본래 있어야 할 위치에 어울리지 않는 태도를 보인다. 하지만 이렇게 자신이 있어야 할 위치에서 떨어진 다른 직급이나 능력 수준에 머무르려 하는 태도는 오히려 상대의 경쟁심이나 질투를 유발시킨다.

사실 라이벌 의식은 노력하면 따라잡을 수 있는 사람에게 느끼는 감정인 경우가 대부분이다. 그렇기에 상대방이 느끼는 대로 한 단계 위인 사람처럼 행동하면 상황은 의외로 쉽게 개선되기도 한다.

본인은 스스로를 전혀 대단하다고 생각하지 않음에도 상대가 멋대로 라이벌 의식을 갖는 경우는 매우 흔하다. 남들은 당신을 다각도에서 살펴보고 있다. 그러니 내가

생각하는 자신과 남들이 보는 자신은 별개의 인물이라고
생각하자.

　서로의 입장이나 관계에 따라 다르겠지만, 이런 경우
에는 상대의 견해를 받아들이는 게 자기긍정감을 높일 뿐
아니라 관계 개선에도 도움이 된다.

쓸데없는 소리 차단하는 방법

빈정대는 소리에 지나치게 반응하지 마라

다음은 '대놓고 빈정대는 소리를 하기 쉬운 유형'에 대해서 살펴보자. 드러내놓고 말은 안 하지만 나를 싫어하는 티가 나는 사람, 그리고 내게 직접적으로 빈정대는 소리를 하는 사람, 이 둘을 비교하면 후자가 주는 정신적 충격이 훨씬 크다.

신기하게도 평소 타인으로부터 빈정대는 소리를 자주 듣는 사람은 다른 모임이나 집단에서도 그런 경우가 많고, 빈정대는 소리를 들을 일이 별로 없는 사람은 어딜 가든 그런 경우를 잘 겪지 않는다. 바꿔 말하면 처신하기 나름이라는 것이다. 즉, 자신의 말과 행동거지를 바꾸면 직접적으로 빈정대는 소리를 듣지 않을 수 있다. 빈정대는 소리를 자주 듣는 사람은 어쩌면 자신의 영역을 느슨하게 만든 것일지도 모른다. 그리고 때마침 영역 의식이 낮은 사람이 그 틈을 포착하여 비집고 들어온 것이다.

"사람 좋아 보이는데 은근 계산적인 면이 있어."
"넌 정말 운이 참 좋아."
"남들이 보는 곳에서만 열심이네."
"눈치가 없으면 아무것도 안 해도 되니까 좋겠어."

이런 식의 비아냥거림을 자주 듣는 사람은 평소 타인이 자신 혹은 불특정 다수에게 쏟아낸 불평불만을 곰곰이 새겨듣고 반응한다는 특징이 있다. 이런 사람들은 마음속으로 '이 따위 이야기 듣고 싶지 않아' 하고 생각하지만 자신도 모르게 남의 이야기를 듣고 영향을 받았음을 반응으로 보여준다. 상대방은 당신이 동요하거나 어떤 반응(긍정적이든 부정적이든)을 보이면 자신이 당신에게 영향력 있는 존재임을 느끼고, 이를 계기로 악의를 갖고 당신의 가치를 끌어내리는 듯한 말을 일삼는다. 당신보다 자신이 우위에 있음을 확인하고 이를 즐기는 것이다.

필요 없는 사람에게는 태도를 확실히 하자

남들에게 빈정대는 소리를 일삼는 사람은 질투심보다 열등감이 강하다. 열등감이란 '남에 비해 자신이 부족하다고 느끼는 감정'으로 자신감이 부족한 심리 상태를 말한다.

질투심과 열등감은 모두 '비교'에서 비롯된 감정이다. 열등감이 강한 사람은 자신이 가치 없는 존재라고 느끼기 때문에 '내 가치를 인정받고 싶다'는 욕구가 발동해 자신보다 타인의 가치가 우선되는 상황을 거부하는 태도를 보인다. 즉, 상대의 가치가 떨어지면 최소한 자신과 동등해지므로 열등감이 해소된다고 느끼는 것이다.

이런 사람과 대화한다는 것은 곧 서로 다른 세계와 가

치관이 뒤섞인다는 것을 뜻한다. 상대가 당신에게 함부로 말하지 못하게끔 하려면 상대의 세계에 흥미를 보이지 말고 적당히 흘려듣는 방법이 가장 좋다.

구체적으로는 가능한 한 사적인 잡담을 삼가고, 특히 감정이나 가치판단이 요구되는 대화는 피하는 것이 좋다. 혹시 이런 대화를 하게 되더라도 상대의 말에 "아, 그렇군요" 정도로 그의 생각을 이해했음을 드러내는 최소한의 반응만 보이자.

"그런 이야기는 전 별로 하고 싶지 않아요"라며 직접적으로 자신의 의사를 전달하는 방법도 있겠지만, 이 또한 '반응'의 일종이므로 상대방이 간섭할 꼬투리가 될 수 있다. 따라서 눈에 보이지는 않지만 크고 단단한 벽을 자신과 상대방 사이에 둔다는 심정으로 영역을 구분하는 게 효과적이다. 굳이 말로 지적하지 않아도 사고방식이나 삶의 방식이 자신과 다르다는 것을 상대가 무의식적으로 느끼면 당신에게 더 이상 이래라저래라 하는 간섭을 하지 않을 것이다.

당신의 가치를 떨어뜨리는 사람에게는 관심을 주지 말자

상대방이 불쾌한 말을 해도 그의 이야기를 들어주는 이유는, 그 사람뿐 아니라 주변 모두를 둘러싸고 있는 모임이나 조직을 배려하고 존중하기 때문이다. 이런 마음 씀씀이는 대부분 '내가 참고 들어주는 것이 분위기를 망치지 않고 상대방을 비롯한 다른 사람들을 배려하는 방법'이라는 죄책감에서 기인한다.

보통 관심이 없으면 쉽게 반응하지 않지만, 죄책감이 생기면 억지로라도 상대방에게 맞춘다. 이른바 '발목 잡혔다'고 말할 수 있는 상황, 확실히 정신적인 부분에서만큼은 자신의 영역이 침범당하고 있는 상황에 처하는 것이다.

싫은 소리를 듣는 관계를 청산하고 싶다면 의식적으로 자신이 바라는 인간관계에만 집중해야 한다. 이는 1장에서 그라운딩을 설명할 때 살펴본 '부정적인 자극을 멀리하자'와 일맥상통하는 이야기다.

이상적인 인간관계는 서로의 장점과 단점을 있는 그대

로 존중하고, 이야기만 나눠도 즐거워지는 관계가 아닐까? 자신이 인간관계를 통해 무엇을 바라고 무엇을 바라지 않는지 명확히 구분하지 않으면 자신에게 중요하거나 필요하지도 않은 사람에게 애매한 태도만 취하면서 정신적·감정적으로 휘둘리게 된다.

싫은 소리를 하는 사람에게 들이는 시간과 에너지를 줄이고, 함께하면 즐거운 사람을 찾아야 한다는 것은 너무도 당연한 얘기다. 그럼에도 이걸 제대로 하지 못하는 사람들은 의외로 많다. 용기가 없어서일 수도 있고, 관계를 제대로 들여다보지 않은 걸 수도 있다. 당신이 타인과 맺고 있는 관계는 건강한지 들여다보자. 그리고 그 관계 속에서 당신은 어떤 태도와 마음가짐을 취하게 되는지, 즉 관계의 알고리즘을 살펴보자.

만약 원하지 않는 일이 일어나는(가령 불합리한 불평불만을 일방적으로 들어야 하는) 관계라면 그쪽으로는 자신의 에너지와 주의를 기울이지 말자. 중요한 일에만 집중하고 중요하지 않은 일은 멀리하는 연습을 계속 해나간다면

'거절하는 힘'은 얼마든지 키울 수 있다.

남들은 당신을
다각도에서 살펴보고 있다.
그러니 내가 생각하는 자신과
남들이 보는 자신은
별개의 인물이라고 생각하자.

그들이 당신을 타깃으로 삼는 이유

경쟁이 나쁜 것은 아니다

'타인과의 비교'에 대해 말하자면, 다른 이와의 우열을 지나치게 의식해서 고통받는 사람이 있는 데 반해 경쟁을 삶의 긍정적인 원동력으로 삼아 좋아하는 사람도 있다. 경쟁 상대가 있어야 발전한다고 생각하는 사람은 자기 안의 라이벌 의식을 잘 활용하고 있는 셈이다.

경쟁이 모두 나쁘다고 결론 내릴 수는 없다. 경쟁심은 보다 멋진 사람이 되기 위한, 보다 즐거운 삶을 살기 위한, 자신을 바꾸는 동기로 활용할 수 있기 때문이다.

다만, 경쟁하고 싶지 않은데 일방적으로 자신을 라이벌로 생각하는 사람이 나타나면 꽤나 귀찮아진다. 당신을 경쟁자로 여기는 사람은 '당신을 이겨 남들로부터 인정을 받고 나의 우수함을 증명하고 싶다'는 잠재 욕구가 있다.

그런 사람들은 스스로에 대한 믿음이 없기 때문에 실력을 증명해 보일 수 있는 방법을 찾는다. 또한 자신보다는 남에게 엄격하므로 상대의 약점이나 꼬투리를 잡는 데 혈안이 되어 있다. 그들에게 잘못 찍히면 항상 관찰당하고 있다는 기분이 들어 불안해진다.

상관하지 않으려 해도 그런 부류의 사람은 에너지가 넘치고 과장이 심하기 때문에 금세 눈에 들어온다. 상대방은 자신이 라이벌이라 여기는 당신의 빈틈을 찾으려 매의 눈으로 관찰하고, 포착에 성공하면 주저 없이 침범한다.

이럴 때는 상대방의 페이스에 말려들지 않는 것이 가장 중요하다. 경쟁을 바라지 않고 우열을 가리고 싶은 마음이 없다면, 즉 자신도 모르게 강제로 경쟁 관계에 빠지지 않으려면 자신의 입장을 명확히 해야 한다.

어쩌면 당신도 비교하고 있을지 모른다

다만 유의해야 할 점이 있다. 상대방이 당신을 경쟁자로 지목한 이유는 실력이 비슷하거나 자신이 당신보다 부족하다고 느꼈기 때문이다. 하지만 상대가 반드시 실력의 우위를 가릴 목적으로 경쟁을 걸어온다고 생각해서는 안 된다. 어쩌면 그의 경쟁심은 당신에 대항해 자신을 지키기 위한 감정일 수도 있기 때문이다. 상대방과 당신은 실력 이외에도 많은 부분에서 비슷할 것이다.

이런 적 있지 않은가? 애초에 경쟁을 생각해본 일이 없는데, 정신을 차리고 보니 실은 당신이 누군가와 경쟁을 하고 있는 상태인 경우 말이다.

가령 주위 사람, 특히 당신이 잘 따르는 사람이 "저 사람 참 괜찮아. 정말 열심이야"라고 누군가를 칭찬하면 왠

지 그 사람에게 부정적 감정이 생기고, 그가 화제의 중심
이 되면 '딴 이야기 했으면 좋겠다'고 생각해본 적이 있을
것이다. '그렇구나, 나도 경쟁하고 질투했구나'라는 생각
이 들지 않는가?

여기에는 '저 사람보다 내가 뛰어나고, 내가 한 수 위
야'라는 생각이 숨어 있다. 어쩌면 '나도 주목받고 싶다'
고 느끼고 있는지도 모른다.

이처럼 비교나 질투, 경쟁심은 나쁜 감정이 아닌 자연
스러운 감정이기 때문에 완전히 없애기 어렵다. 그러니
이런 감정을 부정하기보다는 어떻게 삶의 원동력으로 긍
정적으로 활용할 수 있는지 생각해보는 편이 현명하다.
남의 페이스에 말려들지 않고 나다운 삶을 살기 위한 '방
편'으로서 말이다.

'나다움'이 뭔지 빨리 깨닫자

어쩌면 당신이 경쟁 상대로 찍힌 이유는 아직 자신의 색
을 발하지 못하고 주위를 지나치게 배려하기 때문일 가능

성이 크다. 다시 말해 자기 영역이 확고하지 않아 경쟁 상대가 침범하기 쉬운 상태라는 뜻이다.

주위를 의식하고 배려하는 사람은 '알을 깨고 나올 용기'가 부족하다. 자신만의 매력과 재능을 스스로 인정하고 드러내는 용기를 키워야 한다.

알을 깨고 나오고 싶은데 용기가 없는 사람은 어쩌면 경쟁해오는 사람이 생기길 내심 바라고 있는 것일지 모른다. 스스로도 자신이 처한 상황을 타개하고 싶기 때문이다. 만약 그런 상황이라면 경쟁을 걸어온 사람과 당신은 비슷한 상황에 처해 있을 가능성이 매우 높다.

자기답게 사는 사람에게 경쟁을 걸기는 쉽지 않다. 자신이 서 있는 자리가 확고한 사람은 주위에서 경쟁을 걸어와도 쉽게 흔들리지 않는다. 모순처럼 들릴지 모르겠지만, 경쟁에 휘말리고 싶지 않다면 알을 깨고 뛰쳐나오는 것이 가장 빠른 방법이다.

문제는 변화와 실패에 대한 두려움이다. 자신의 장점과 단점까지 있는 그대로 받아들이고 인정하는 건 두려운 일이다. 이런 종류의 두려움은 자신을 들여다보는 수 많은 연습을 통해 이겨낼 수 있다. 좀처럼 용기가 생기지 않으면 주변에서 롤모델을 찾아 그들은 어떻게 알을 깨고 나왔는지 배우도록 하자.

당신이 '나다운 삶'에 집중한다면 경쟁을 걸어오는 사람과 마주할 일도 점차 사라질 것이다.

항상 우위에 서려는 사람에게 대처하는 법

할 수 있는 사람이 리드하면 된다

때로는 배려가 경쟁을 유발하기도 한다. 선한 의도로 양보하는 당신의 배려는 불안하고 초조한 누군가의 마음을 건드려 경쟁심을 발동시킬 수 있다. 그 누군가는 당신과 자신 중 누가 위고 누가 아래인지가 명확하지 않아 애매한 상황에 초조해하고 있었다. 그런데 당신이 보인 배려에 혼자만의 초조함이 들킨 것 같자, 당신의 배려는 배려가 아닌 당연한 자세라는 것을 어떻게든 증명하려고 한다. 그리고 자신이 우위를 점하고 있으니 당신은 당연히 뒤로 물러나 있어야 한다고 여긴다.

비슷한 능력과 직급의 경력직 직원이 채용된 회사에서는 이런 상황이 일어나기 쉽다. 가령 같은 직급의 A씨와 B씨가 있는데, B씨는 A씨에 비해 나이가 많고 입사 시기도 빠르다. 두 사람의 업무 능력이 거의 비슷하지만 이상하게 B씨는 A씨의 업무 방식에 대해 계속해서 이런저런 불만을 제기해왔다. 그의 불만은 업무 효율이나 개선을 위한 것이라기보다는 감정적인 것 같았다. A씨는 그런 B씨가 불편하고 못마땅하지만 나이도 위고 회사에서도 선배인 그와 어떻게 지내야 할지 난감하다. 그래서 업무 방식에 있어 B씨의 주장을 대부분 수용해주려고 노력했다.

B씨가 경쟁을 거는 이유는 A씨의 실력을 인정함과 동시에 자기 자리에 대한 위기감을 느꼈기 때문이다. 이럴 때 A씨가 B씨에 대한 배려를 멈추면 의외로 문제를 쉽게 해결할 수 있다.

상대방이 나이가 많고 입사 시기가 조금 빠르다는 이

유로 배려하지 말고, 자신과 동등한 입장이라 생각하며 일하는 것이다. 적대적으로 대립하라는 것이 아니라, 자신의 업무 방식에 대한 확신을 B씨에게 설명은 할 수 있어야 한다는 뜻이다. 여기서 만약 A씨가 실력을 키워 명백하게 B씨보다 한 걸음 더 앞서나가면 경쟁이 싱겁게 끝나겠지만, 앞서가지 않더라도 앞서 말한 태도를 유지한다면 B씨는 A씨를 대등한 존재로 대해줄 것이다.

회사는 직급이나 입장이 중요할 수밖에 없는 조직이다. 동시에 능력도 중시해야 하는 곳이다. 그렇다면 나이나 선후배 관계에 상관없이 능력 있는 사람이 리드해나갈 수 있어야 한다.

하지만 우리 사회는 나이나 선후배 관계를 중시한다. 실력으로 평가하는 회사를 다니면서도 나이가 어리다는 이유로 소극적으로 행동하거나 주위에 맞춰 자신을 낮추는 사람들이 적지 않다. 실제로는 그렇지 않은데 상대에 맞춰 계속 자신을 낮추거나 그를 배려하면 오히려 역효과가 날 수 있다. 주변에 맞춰 자신을 낮추는 것뿐인데도,

이런 사람들을 쉽게 얕잡아볼 수 있다고 생각하는 이들은 점점 더 간섭하고 '내가 위'라며 미묘한 상하관계를 만들어 스트레스를 준다.

배려를 멈추면 그제야 알아차린다

그렇지만 자신이 배려하고 있다는 사실을 모르는 사람도 의외로 많다. 대부분은 배려를 멈추고 나서야 비로소 지금까지 자신이 배려해왔다는 사실을 알아차린다.

배려하는 동안에는 뭔가 구차하고 꺼림칙한 느낌이 들고 괜스레 힘들다는 생각도 든다. 평소 이렇게 느껴왔다면 자신이 무리하게 남들을 배려하고 있는 건 아닌지 다시 한 번 생각해보자.

누군가 이런저런 불합리한 지적을 하면 불쾌할 뿐만 아니라 스트레스까지 느낀다. 심지어 상사도 아닌 동료가 묘하게 자존심을 긁으며 당신에게 상처를 주려 한다면 자신이 상대방과 주변을 어떻게 대하고 있는지 살피

자. 그동안 주위를 배려해 스스로를 계속 낮춰왔다는 사실을 깨달아야 한다.

각자의 실력을 발휘할 수 있는 환경 속에서 서로의 성장을 이끌어내는 원동력, 그것이 바람직한 경쟁의 모습이다.

캐내기 좋아하는 사람과 거리 두기

비교하고 남의 말하기 좋아하는 사람

누구나 자신과 타인을 비교해보고 싶을 때가 있지만 유독 비교를 좋아하는 사람이 있다. '좋아한다'는 표현이 적절한지는 모르겠으나 습성 또는 습관처럼 다양한 경로를 통해 남들의 정보를 캐내서 모으고 그에 대해 이러쿵저러쿵 말하는 사람 말이다.

주변의 불쾌한 사람들에 일일이 대응하자면 끝도 없겠지만, 특히 이런 사람은 떨쳐버리기 힘든 측면이 있다. 묘하게 악의적이고 공격적인 구석이 있는 데다, 당신에게서 정보를 캐내기 위해서인지, 아니면 당신을 정보 공유의 공범으로 만들기 위해서인지, 갑자기 친근하게 굴기도 해서 적당한 거리를 유지하기가 어렵기 때문이다.

당신 주위에도 사사건건 간섭하고 사생활을 집요하게 캐묻는 사람이 있을 것이다. 자기 나름의 소통 방식인지는 모르겠지만 이런 이들은 왠지 불쾌하고 무서운 생각마저 들게 할 때가 있다.

남의 말하기 좋아하는 사람은 누군가의 비밀스러운 정보를 찾아내고 그것을 잔뜩 모아 다른 곳에 전파하길 즐긴다. 그리고 자신보다 못한 부분을 상대에게서 발견하면 안심하는 심리가 있다. 이들은 자신에게 만족하지 못하기 때문에 주위 사람들의 안 좋은 사정을 캐서 '내가 더 낫다'며 안도한다.

트집 잡을 게 없는 사람

자신의 정보가 다른 사람의 만족을 위해 사용된다고 생각하면 상당히 불쾌하고 무서운 기분이 든다.

"저 사람, 뒷담화가 심하네."
"어쩜 저렇게까지 해서 남의 뒤를 캐지?"
"뭐야? 저런 말을 막 하고 다녀도 돼?"

그래서 자신의 이야기를 하든 남의 이야기를 하든 여기저기 말을 옮기는 사람과는 가까이 하지 않는 게 상책이다.

예를 들어 "남편분 연봉이 얼마나 돼요?"라는 과감한 질문이 불시에 날아와도 "글쎄요. 저희끼리도 연봉 얘기는 안 해서 잘 몰라요"라는 정도로 대충 대응하는 게 좋다. 아무리 남의 말하기 좋아하는 사람이라도 "지금 어디가는 거예요?"라는 물음에 "술집 알바요"라는 식으로 대범하게 농담으로 받아치는 사람은 '트집 잡을 데가 없다'

고 인정한다. 이렇게 악의 없는 거짓말을 우스갯소리 삼아 하는 사람은 어딘가 자신보다 한 수 위라고 생각해서 함부로 못하는 것이다.

뿐만 아니라 다른 사람의 뒷담화에 맞장구치며 호응하는 것도 위험하다. 대충 맞장구를 쳐줬다가 다른 곳에서 "그러고 보니 ○○○씨도 이렇게 말하더라고요"라며 당신을 뒷담화에 가담한 사람으로 소문낼지 모를 일이니 말이다.

질문에 성실하게 답하지 않아도 된다

이런 사람은 영역 의식이 낮아서 누군가와 친밀한 사이가 됐다 싶으면 자꾸만 선을 넘는다. 그러므로 처음부터 선을 명확히 그어야 뒤탈이 없다.

그렇지만 상대가 상냥하게 다가오기 때문에 대화 자체를 거부하기는 쉽지 않고, 미안하다는 생각마저 든다. 또 상대방의 질문을 진지하게 생각하면 어떻게 대답해야 할지 고민스러워진다.

이럴 때는 상대가 묻는 말에 너무 성실하게 답하지 않는 게 중요하다. 우리는 대부분 질문을 받으면 '성실히 대답해야 한다'고 느끼는데 반드시 그래야 하는 것은 아니다. 어쩌면 상대는 그저 가볍게 툭 던진 질문일 가능성도 있기 때문이다. 정말 별 생각 없이 물어본 것일 수 있는가 하면 사실은 대어를 낚기 위해 미끼를 걸어 가볍게 던진 낚싯줄일 수도 있다.

목적이 어찌 됐든 캐내기 좋아하는 사람이 던진 질문이라면 경계할 필요가 있다. 나의 이야기는 상대에게 친교를 위한 경험이 아닌 그저 정보에 불과할 수 있다는 사실을 명심해야 한다.

하지만 경계 방법에 있어서도 조심스러운 것이 사실이다. 대놓고 경계할 수 없으니 농담처럼 헛소리를 하거나 논점을 능숙하게 회피하고 화제를 돌리는 등 조금씩 자신이 원하는 방향으로 이야기를 주도해나가자. 능숙해지다 보면 상대의 페이스에 말리지 않고 위기를 모면할 수 있다.

유독 당신의 정보를 캐려는 사람은 어쩌면 당신을 라이벌로 생각하고 접근한 것일 수 있다. 친목은 서로의 이야기와 생활을 조금씩 주고받고 공유하며 쌓는 것이다. 주고받음 없이 일방적인 요구와 관심이라면 경계가 필요하다.

누군가 자신의 정보를 수집한다는 사실을 알면 그 이유가 궁금해지고 기분이 나빠짐은 물론 두려워지기까지 한다. 정보를 수집하는 상대의 이유가 뭐든 당신에게 있어 중요한 것은 그 행동 자체가 잘못된 일이란 사실이다. 대화의 흐름에서 뭔가 꺼림칙하다는 생각이 들면 상대가 혹시 당신을 라이벌로 생각하고 있는 건 아닌지 살펴보자.

각자의 실력을 발휘할 수 있는 환경 속에서
서로의 성장을
이끌어내는 원동력,
그것이 바람직한 경쟁의 모습이다.

회사에서 절친을 기대하지 마라

같은 이야기라도 저마다 다르게 듣는다

누구나 남과 비교할 때는 자신이 더 우수하다거나 상대방이 더 행복해 보인다며 우열을 판단하고 이를 '자기 나름의 사실'로 받아들인다. 하지만 이를 두고 어떤 기분을 느끼는지는 사람마다 다르다. 같은 사실을 보고도 누구는 질투를 하는 데 반해 누구는 아무렇지도 않으니까 말이다.

질투를 잘 느끼지 않는 사람은 그라운딩이 잘 형성되

어 있다고 할 수 있다. 이들은 누구에게나 멋져 보이는 사람을 만나도 별로 동요하지 않는다. '우와, 좋겠다. 나도 저렇게 되고 싶어'라고 순수하게 생각하거나 '음, 그렇군' 이라며 순순히 사실을 받아들인다.

그라운딩이 잘되어 있는 사람은 자신의 자리가 확고하기 때문에 흔들리지 않고 자신과 남의 사정을 분리해서 생각할 수 있다. '나는 나, 너는 너'라는 의식이 뚜렷하기 때문에 '남의 일'로 치부한다고도 말할 수 있겠다.

모두가 이렇다면 세상에는 질투를 하거나 받는 사람이 아무도 없겠지만 실은 그렇지 않다. 그래서 인간관계에서는 '나와 다르게 받아들이는 사람도 있다'는 점을 인식하는 게 무엇보다 중요하다. 상대의 마음을 이해하려 노력하면 적어도 질투심을 사는 행동은 피할 수 있을 것이다.

상대의 성향부터 먼저 파악하자

아직 친하지 않아 서로의 됨됨이를 잘 모르는 사람 또는 불특정 다수와 대화하는 경우라면 자신의 행복한 이야기는 자제하는 게 무난하다. (친해서 서로에 대해 조금씩 알게 되면 이 점에 대해선 민감하게 생각하지 않아도 된다.)

가령 매해 가족끼리 해외여행을 가는 A씨와 매월 생활비 때문에 허덕이는 B씨가 우연히 어떤 모임에서 만났다 치자. A씨는 별 뜻 없이 이렇게 말했다.

"작년에는 호주에 갔었는데 올해는 유럽에 가볼까 해요."

이 말을 들은 B씨는 어떻게 생각할까? '부럽다. 나도 해외여행 가고 싶어'라고 생각할까, 아니면 '뭐야, 이 자랑질은! 누굴 놀리나'라고 생각할까?

A씨는 그저 사실을 말했을 뿐이지만 B씨가 그것을 어떻게 받아들일지는 알 수 없다.

행복에 대한 기준은 저마다 다르며 행복을 느끼는 방식과 만족도 역시 제각기 다르다. 자신의 삶에 대체로 만족하는 사람은 A씨의 사정을 듣고 '오, 재미있겠다'며 객관적으로 받아들이겠지만 그렇지 않은 사람은 그렇게 느낄 만한 마음의 여유가 없다.

상대가 어떻게 반응할지는 알 수 없으므로 평소 남들 과 비교하기 쉬운 이야기는 애초에 하지 않겠다는 마음 가짐이 필요하다. 경제적으로 넉넉하다는 이야기나 사생 활이 행복하다는 이야기, 일이 잘 풀린다는 이야기, 남편 의 사회적 지위에 관한 이야기, 아이의 성적이나 재능에 관한 이야기 등이 대표적인 예다. 회사에는, 절친처럼 나 의 모든 것을 이해해줄 사람이 없다고 생각해야 한다. 특 히 라이프스타일의 차이는 굳이 말로 하지 않아도 일상적 인 행동이나 분위기로 알 수 있기 때문에 이미 당신에 대 해 위화감을 갖고 있을지 모른다는 점도 간과해서는 안 된다.

만약 상대가 이런 화제로 말을 걸어온다면 신중히 대 처하는 게 좋다. 어쩌면 앞서 살펴본 '남의 이야기를 하기 좋아하는 사람'일 수도 있으니 남들이 알아도 상관없는 수준의 이야기만 하자. 남의 입에 오르내리는 상황을 가 정해서 자신을 적절히 감추거나 드러내야 한다는 것이다.

그렇다고 기쁜 일까지 숨기라는 것은 아니다. 서로의

기쁨과 슬픔을 함께 나누면서 인간관계가 만들어지는 것
이니 말이다. 다만 자신을 드러내는 건 그래도 되는 상대
에게만 하자. 더불어 그런 사람에게는 자신 또한 그런 존
재가 되어주자. 결론은 상대를 가려가며 이야기하자는 것
이다.

좋아지지 않는 사람은
당신의 그림자일지 모른다

비슷한 사람끼리 경쟁한다

질투를 하거나 받을 때 매번 비슷한 상황이 반복된다고
생각해본 적이 있는가? 항상 비슷한 유형의 사람이 나에
게 경쟁을 걸어온다는 생각이 들었던 적은 없는가?

유독 자신에게 거북한 유형의 사람이 있다면, 그는 당
신의 '그림자 인격'일 수도 있다. 그림자 인격이란 당신이
내면에서 억압하고 있는 그늘진 부분을 가진 사람, 또는
그 요소 자체를 말한다. 쉽게 말해 당신이 싫어하는 부분

이라 하겠다.

예를 들어 당신에게 경쟁을 걸어오는 사람 중 다음과 같은 유형이 많다고 가정해보자.

· 주목받기 좋아한다.
· 여성적이다.
· 자기주장이 강하다.

심리학에서는 만약 '왠지 껄끄러운 대상'이 있다고 느낀다면 나 자신에게도 그 대상과 같은 요소가 있을지 모른다고 판단한다. 정신분석에서는 '투사'라는 개념이 있다. 자신에게 있는 죄의식이나 열등감, 공격성 등을 타인에게 돌림으로써 자신을 방어하는 기제가 바로 투사다. 스스로도 무의식적으로 자신을 부정적으로 여기는 면이 있는데 그것을 타인에게 투영함으로써 자신을 보호하는 것이다.

어쩌면 당신은 주목받기 좋아하고 여성적이며 자기주장이 강한 사람이지만 스스로 그런 면들을 나쁘다고 생각하기 때문에 억압하고 있는 것일지 모른다는 의미다.

본래의 자신을 깨닫는 기회로 삼자

이처럼 본래의 자신을 억압하고 있는 사람이라면 평소 그림자와 정반대의 성향을 띤다. 주목받고 싶은 기분과 자기주장을 억압하면 소극적이고 자기주장을 하지 않는 성향이 되고, 여성적인 요소를 억누르면 남성적인 인상을 풍기게 된다.

경쟁을 걸어오는 상대방을 껄끄럽게 느끼는 이유는 자신이 억압해왔던 요소를 그 사람에게서 발견했기 때문이다. '나한테도 저런 면이 있어' 하고 인정하면 그런 상대라 해도 조금 너그럽게 바라볼 수 있을 것이다.

물론 그림자를 인정하고 받아들인다 해서 상대방이 경쟁을 멈추는 건 아니지만, 마음속으로 당신이 싫다고 생각했던 요소가 있었음을 인지하고 나면 그것을 더 이상 억누를 필요가 없어지면서 마음이 한결 가볍고 자유로워질 것이다.

본래의 자신은 주장이 강한 편인데 이를 억누르고 있었다면 아무래도 불만이 많이 쌓였을 가능성이 크다. 자신에게도 이런 면이 있음을 받아들이고 인정하면 하고 싶은 말을 할 수 있는 사람으로 변할 수 있다. 주장이 강한 이를 봐도 별로 신경에 거슬리지 않게 될 것이고 말이다.

의외로 많은 '여성성' 억압

여성 중엔 본인은 인정하지 않지만 스스로 여성성을 억압하는 사람이 적지 않다. 여성성이란 '여성스러움'이 드러나는 요소를 말하는데 부드러움이나 자애, (여성적인) 상냥함, 감수성, 수용, 보호, 아름다움 등을 예로 들 수 있다. 쉽게 말해 남성들이 보는 여성의 매력적인 요소다.

최근 전 세계적으로 페미니즘 이슈가 부각되면서 여성들 사이에서도 여성성에 대한 주장이 분분하다. 하지만 중요한 것은 여성성은 억압해서도, 또 강요해서도 안 된다는 점이다. 특히 우리 사회는 이미 너무도 오랫동안 여성성을 강요해왔다. 그런 사회 분위기에 대한 반작용으로 여성성을 억압하는 사람이 적지 않다. 이들은 화장에도 별로 관심을 가지지 않고 털털하게 행동하는 등 여성성을 어필하는 행동을 피하는데, 그들의 실제 내면은 사회가 말하는 여성스러움에 가까운 경우도 있다.

여성성을 따르고 강요하는 것은 물론 여성성을 억압하라고 강요하는 것 역시 남들에게 위화감을 줄 뿐만 아니라 여성들 스스로를 혼란에 빠뜨린다.

삶이 편안해지려면 본래의 자신이 어떤 사람인지 깨달아야 한다. 본래의 자신을 알면 스스로를 올바르게 평가하고, 좋고 나쁨과는 별개로 '나는 이런 개성을 갖고 있는 사람이구나' 하고 인정할 수 있다.

여성성을 싫어하는 사람도 있지만 반대로 부러워하는 사람도 존재한다. 이렇게 사고를 전환해서 자신만의 개성으로 인정하면 주위와의 마찰도 크게 줄일 수 있다. 아무래도 자신을 잘 몰라서 개성이 뚜렷하지 못한 사람은 마음대로 휘두를 수 있겠다는 생각이 들기 때문이다.

그림자는 당신이 자신을 억압하는 요소를 알려주는 존

재다. 그림자를 인지하는 것만으로 인간관계가 쉽게 원만해지지는 않겠지만 점차 자신을 인정해주기 시작하면 그전까지 왠지 싫고 껄끄러웠던 사람도 점점 아무렇지 않게 느껴질 것이다. 이렇게만 돼도 인간관계에 임하는 마음이 한결 가볍고 편안해질 것이고 말이다.

인간관계에서 가장 중요한 것은
'나와는 다르게
받아들이는 사람도 있다'는 점을
인식하는 것이다.

가까운 사람과의 어긋남은
인간관계가 바뀐다는 신호

친구로 지내려면 불행한 이야기도 해야 한다

만사를 부정적으로만 생각하는 사람은 "난 (배경이 좋은) 당신과 달라요"라는 식의 말을 자주 한다. 혹은 말로 표현하지 않는다 해도 태도나 분위기에서 그런 분위기를 풍긴다. 이런 이들은 마치 담을 높게 쌓고 주변 사람들을 이쪽 아니면 저쪽으로 확연히 구분하는 듯하다.

이런 사람들이 주위에 있으면 혼자만 고립되어 있다는 생각이 들어 쓸쓸하고 고독하다. 고독은 혼자 있을 때뿐만 아니라 여럿이 함께 있을 때도 느낄 수 있는 감정이다.

대부분은 이런 기분이 들어도 남들에게 말하는 것을 거북해한다. 상대가 "벽을 느낀다고요? 에이, 기분 탓이겠죠"라고 해버리면 더 이상 할 말이 없고, 서로 입장이 다르니 상대가 내 맘을 이해하지 못할 때도 많기 때문이다.

이럴 때면 "나도 결점이 많고 콤플렉스도 있다고요", "나도 힘들어요"라고 항변하고 싶다.

이런 식으로 사고가 부정적으로 전환되면 과거 불행했던 일이 떠올라 우울해지지만, 열등감을 느끼거나 자기부정을 하면서 우울해하는 사람을 위로할 때 자신의 힘든 일을 이야기하면 공감이 형성되어 안심시킬 수 있다.

하지만 이건 잘 생각해봐야 할 문제다.

당신이 바라는 인간관계는 과연 어떤 것인가? '내가 이만큼 더 힘들어요'라며 서로의 불행을 주제로 이야기하는 관계인가?

새로운 만남을 준비하자

앞서 말한 관계를 좋아하는 사람은 아무도 없다.

"당신과 달라요"라는 말을 들으면 '어째서 매번 다르다고 구분을 짓지?'라는 생각이 들어 위화감이 생긴다. 또 어떻게든 힘이 되어줄 생각으로 "나도 이만큼 불행하니 당신과 다를 바 없어요"라며 상대를 안심시켜주지만 정작 자신의 불행했던 기억이 떠올라 우울해지고 만다.

서로의 불행보다는 기쁨을 나누는 관계가 훨씬 긍정적이지 않을까?

만약 주위에 좋은 일을 나눌 만한 사람이 없다면, 당신은 지금 인간관계가 바뀌는 과도기에 있는 것이다. 당신이 원하는 인간관계를 맺기 위해서는 자신을 갈고 닦아야 한다(이 또한 1장에서 언급한 그라운딩 강화와 관련된다).

어쩌면 부정적인 사람과 친하게 지내고 싶진 않지만 서로 긍정적인 영향을 주고받을 수 있는 사람이 주위에 없어서, 또는 외로움 때문에 어쩔 수 없이 부정적인 인간관계라도 맺을 수밖에 없다고 생각하는 사람이 많을지도 모르겠다. 부정적인 사람과는 관계 맺기가 싫어서 혼자 지내지만 외로움을 떨쳐버릴 수 없는 사람도 있을 것이고 말이다.

그러나 나의 내면을 바꾸면 내가 만나는 사람도 반드시 바뀐다는 사실을 알아야 한다. 그 상대방은 나를 신뢰하는 사람이어야 할 것이다.

더불어 새로운 인간관계가 형성될 때까지는 시간이 필요하다. 그러니 자신이 갖고 있는 긍정적인 면과 축복받은 환경을 십분 살려서 본인이 바라는 만남을 준비하자.

예전엔 원만한 사이였던 사람인데 '요즘 뭔가 덜컹거리는 느낌'이 든다면 자신의 느낌에 따라 상대를 대해보는 것도 좋다. 오랜 지인이거나 당신이 도움을 받는 관계라면 망설여지겠지만 인연을 끊는 게 아니라 거리를 두는 것이라 생각하면 된다.

사람은 모두 변하기 마련이다. 그러므로 각자의 상황이 달라져서 서로 틀어지는 것 역시 극히 자연스러운 일이다.

당분간 거리를 둬도 인연이 된다면 수년 후에 다시 친해질 수 있으니 필요 이상의 집착은 금물이다. 이어질 인연의 사람과는 언젠가 다시 만나게 된다는 걸 기억하자.

부러운 마음을 정화하는 법

주위에 '행복한 사람'이 많으면 좋은 이유

'나는 나, 너는 너'라는 영역 의식을 갖고 명확히 선을 그으면 자신과 타인을 비교해도 별다른 고민이나 걱정이 생기지 않는다. 하지만 우리 모두는 인간이기 때문에 남을 부러워하는 마음을 완전히 없애는 것이 불가능하다. 그런데 굳이 이런 사실을 애써 부정할 필요가 있을까?

가령 하루라도 빨리 가정을 꾸리고 싶은데 좀처럼 잘 풀리지 않는 사람이 있다고 치자. 과연 이 사람은 주위 친구들의 결혼과 출산 소식이 기쁘기만 할까? 한편으론 함께 기뻐해주지 못하는 자신이 싫고 한심하다 여길지도 모른다. 하지만 이런 모습은 전혀 이상한 것이 아니다.

심적 여유가 없으면 대부분 주위 사람들을 보며 시기하고 질투하기 마련이다. 하지만 그런 자신이 싫고 한심하게 느껴지는 것은 마음 한편에 상냥함이 있기 때문이다. 우리 마음엔 결코 시기와 질투만 존재하는 것이 아니다.

이렇게 남의 기쁨에 심경이 복잡해질 때는 '머지않아 내게도 좋은 날이 올 거야'라고 생각하며 관점을 전환하는 것이 마음을 다스리는 데 도움이 된다. '어차피 나는 안 돼'라며 자포자기하면 무의식 속에서 일이 잘 풀리는 것에 대한 저항감이 생겨 실제로도 일을 망친다. 반면 '다음은 내 차례야'라고 생각하면 실제로도 일이 잘 풀린다. 이것이 바로 이미지 트레이닝의 효과다. 긍정적인 상황을 머릿속에서 그리면서 부정적 상황에 대한 걱정과 두려움을 떨쳐내게 해주는 것이 이미지 트레이닝의 힘인 것이다.

실제로 주위 사람들에게 결혼이나 출산, 승진 등 축하할 일이 많이 생기면 그 분위기가 자신에게도 영향을 미치는 경우가 많다. 우리 한 사람 한 사람이 주위에 미치는 영향은 상상 이상으로 크며, 일이 잘 풀리는 사람은 운도 좋고 기세도 좋다.

주위가 불만이 많은 사람들로 가득할 때와 행복이 넘치는 사람들로 가득할 때의 마음가짐을 비교하면 분명 큰 차이가 있다. 삶이 충만하고 행복한 사람이 주위에 많으면 많을수록 남의 행복에도 너그러워지며, 이런 관계는 서로의 행복을 응원해주는 관계로 발전하기 쉽다. 주위의 응원에 스스로도 자신을 격려할 수 있는 힘을 얻게 되고, 이러한 과정 속에서 긍정적인 사람으로 거듭날 수 있는 것이다.

생각이 현실이 된다

우리는 평소 '나는 이런 사람이야'라는 '자기개념(자기 자신에 대해서 어떻게 느끼고 인지하는지를 의미함)'이 있으며 말과 행동은 이런 자기개념을 따른다. 결과적으로 자기가 생각하는 자신의 모습이 현실에서 그대로 드러나는 것이다.

예를 들어 '나는 왠지 섹시한 모습이 어울리지 않아'라고 생각한다면 현실에서도 섹시한 옷을 꺼리게 된다. 또 '나는 비호감'이라는 자기개념을 갖고 있다면 무의식적으로 주위 사람들과 거리를 두고 '혹시 날 싫어하는 거 아닐까?'라며 끊임없이 의심한다.

앞서 이야기한 예를 살펴보면, '어차피 난 가정을 가질 수 없어'라는 자기개념이 말과 행동에 영향을 미쳐 점점 현실로 나타나는 상황이라 하겠다. 하지만 우리의 미래는 누구도 알 수 없다. 밑도 끝도 없는 환상이나 이상을 심어주려는 게 아니라 '미래는 알 수 없지만 긍정적인 효과를 발휘하는 방법이 있다'는 것만은 확실하다는 점을 얘기하려는 것이다.

그러니 자신의 가능성을 의심하지 말고 '다음은 내 차례야'라고 기대하자. 그 생각대로 당신의 현실도 바뀔 것이다.

분출하면 기분이 풀린다

그럼에도 '왜 저 친구는 잘 풀리고 난 매번 꼬일까?' 하는
기분이 가시지 않을 경우에는 어떻게 해야 할까? 마지막
수단은 그런 감정을 가둬두지 않고 분출하는 것이다.

노트에 자신의 기분을 적어보는 방법도 좋고 말로 중
얼거리는 방법도 좋다. 또 남에게 이야기하는 방법도 있
는데 이때는 반드시 상대방을 잘 골라야 한다. 안심하고
속내를 털어놓을 수 있으며 자신의 이야기를 잘 경청해주
는 친구, 혹은 그런 사람이 없다면 가장 안전한 상대인 상
담사에게 상담을 요청하는 방법도 있다.

사람들은 질투와 같은 감정이 생기면 애초에 싹을 잘
라버리려 한다. 대개는 질투가 무조건 나쁘다고 생각하기
때문이다. 그래서 아무런 감정이 없다는 듯이 말하고 행
동한다.

하지만 한 번 느낀 감정은 뚜껑을 덮어도 좀처럼 사그
라들지 않는다. 무심하게 덮어둔 감정은 뚜껑 아래로 점

점 짙어질 뿐이다. 또한 그렇게 가둬둔 상태로 내버려두면 누군가에게 질투를 느끼는 비슷한 상황과 다시 마주할 경우, 가둬났던 그 괴로운 감정이 다시금 되살아나게 된다.

그렇기에 질투심은 오히려 활활 태워 없애버리는 편이 마음의 회복에 도움이 된다. 분출하는 방법에 따라서는 회복이 빨라질 수도 있다. 시기하고 질투하는 속내를 털어놓을 때 자신이 바라는 모습에 대해서도 이야기하자. 그 모습에 대한 이야기의 비중을 키우다 보면 그렇게 되기 위해 자신이 할 수 있는 방법에 대해 다짐하게 된다. 그러면 '치사하게 혼자만 잘나가고! 부럽다' 하던 부러운 기분이 '와, 대단하다! 나도 저렇게 되고 싶어'라는 긍정적인 기분으로 점차 변할 것이다.

도중에 '난 안 되겠어'라는 무력감이나 '어차피 나는 안 돼'라는 자기혐오감이 생길 때도 있겠지만 이 또한 내뿜어버리자. 자신에게 무력감이나 자기혐오감이 있다는 사실을 깨닫고 그대로 받아들이는 것이다. 이렇게 자기

속에 있는 질투심을 분출하여 승화시키면 질투심을 자연스럽게 인지할 수 있기 때문에 '남이 나를 질투하면 어쩌지'하는 공포심도 줄어들 것이다.

진짜
도와주고
싶은데

I'M SORRY

정신이 없어서

Chapter 3

흔들리지 않는
나 만들기

나를 알아야 원하는 삶을 살 수 있다

어떻게 해야 나답게 살 수 있을까

영역 침범을 '거절하는 힘'으로 막아내는 것이 가능해지면 자신의 영역 내에서는 뭐든 자유로이 할 수 있다. 그런데 다른 사람들과의 트러블이 없어지고 나면 '이제부터 뭘 어떻게 해야 하지?' 하며 난감해하는 사람도 있다. 지금까지 자신을 돌아볼 여유가 없었고, 그것이 필요하다고도 생각하지 않았기 때문이다.

'나다운' 삶을 살려면 무엇보다 먼저 자신을 알아야 한다. 어쩌다가 우연히 자신이 원하는 바를 이뤘다는 사람은 찾아보기 힘들다.

예를 들어, 좁지만 깊은 관계를 좋아해 몇 명의 친구를 소중하게 여기는 사람이, 어딘가에서 '인맥이 중요하다'는 얘기를 듣고 이곳저곳 얼굴을 내밀며 얕은 인간관계를 많이 맺어봐야 피곤하기만 하다. 반대로 남들 앞에 나서서 이야기하거나 사람을 휘어잡는 능력이 있는 이가 누구를 만날 일이 없는 사무직이나 연구직만 계속 맡으면 몸과 마음이 괴로울 수밖에 없다. 또한 일상에서는 상냥하고 정이 많은 사람이지만, 자신이 자기 기분이나 생각을 전달하는 데 서툴다는 것을 모르고 논리적으로만 이야기를 풀어나가려고 하면 냉정하다는 오해를 받기 쉽다.

이처럼 자신답지 못한 말과 행동을 해야 하거나 자신다움을 발휘할 수 없는 곳에 있을 경우 욕구 불만이 쌓인다. 자신이 어떤 사람인지 정확히 깨닫지 못하면 자기답게 표현하고 드러내는 방법을 모르는 채 살게 되는 것이다.

그에 반해 자신이 무엇을 잘하고 못하는지 정확히 알고 있는 사람은 어떨까?

이런 이들은 자신의 재능을 최대한 발휘할 수 있는 직업을 선택할 수 있고, 같이 있으면 시너지 효과를 내는 이들과 함께할 수도 있으며, 그 재능을 발전시켜 전문가로 성장할 수도 있다.

'자신에 대해서만 생각하는 사람'이 저지르기 쉬운 실수

자신이 어떤 사람인지 알려면 자신에게 관심을 가져야 한다. 하지만 '자신에 대해 생각하는 일'이 반드시 '자신을 아는 일'로 이어지는 것은 아니다.

　자신에 대해 많이 생각하지만 전혀 모르겠다는 사람은 대개 스스로를 책망하며 자신에게 있는 단점만을 생각하거나 혹은 남들이 자신을 어떻게 생각하는지에만 집중한다.

　일을 게을리하는 자신, 인간관계가 원만하지 않은 자신, 실연의 상처에서 회복하지 못하는 자신, 남의 눈치를 살피는 자신, 자신감이 없는 자신 등에만 신경을 쓰는 것이다. 이런 식으로 아무리 자신을 꾸짖고 남의 눈을 의식해봐야 자신이 누구인지 알 수 없고 자기 모습만 흐릿해질 뿐이다.

자신에 대해 생각하는 일이란 곧 자신의 바람을 탐구하는 일이다. 자신을 사랑하고 관찰하는 게 무엇보다 중요하다. 원하는 것이 무엇인지, 무엇을 보고 어떻게 느끼는지에 집중해보는 것이다. 어떤 시각으로 자신을 바라보는지에 따라 그 결과는 하늘과 땅 차이다.

남과 비교하면 알기 쉽다

비교가 삶에 도움이 될 때도 있다. 바로 자신을 제대로 알고자 할 때다. 자기 안에만 머물기보다는 남들과 내가 어떻게 다른지 알아보면 자신을 보다 정확히 알 수 있다. 타인은 자신이 어떤 사람인지 아는 데 필요한 거울인 셈이다.

타인과 자신의 차이를 인지하면, 또 타인과는 다른 자신을 받아들이면 자기다움을 발휘하는 일도 한결 쉬워진다. 남들과 비교하다 보면 타인의 모습은 모두 장점처럼 보이고 자신의 모습은 전부 못나 보일 수 있다. 하지만 타인의 모습은 거울일 뿐임을 기억하자. 타인을 통해 자신을 좀 더 객관적으로 들여다보는 것이다. '나는 생각보다 긍정적인 마인드를 가졌구나. 나쁜 일은 오래 생각하지 않네', '나는 남들에게 굉장히 무관심한 편이었구나. 관계의 거리를 유지하는 데는 도움이 되겠지만 때론 무심해 보여서 서운해하는 사람도 있겠는걸'처럼 자신의 일면을 있는 그대로 장점과 단점을 동시에 들여다보는 것이다. 자신도 몰랐던 모습을 새삼 발견하면 재미도 느껴질 것이다. 이렇게 '지금의 자신'을 받아들이면 된다.

지금의 자신을 인정하면 자신의 속마음뿐만 아니라 주변의 시선이나 영향에 휘둘려 스스로를 그동안 어떻게 속여왔는지도 알 수 있다. 자신을 알기 전부터 '나는 이런 사람이야'라고 규정하는 것은 여러 가능성을 처음부터 차단하는 꼴이니 주의하자. 이제 무한한 가능성과 미지의 세계에 있는 '나'라는 세계를 탐험해보자. 분명 놀라게 될 것이다.

잘 풀리는 사람은 '좋고 싫음'이 명확하다

누구에게나 자신만의 소중한 가치관이 있다

자신을 알기 위해서는 호불호(好不好), 즉 '좋고 싫음'을 명확히 하는 훈련이 필요하다. 자기다운 삶을 즐기는 사람은 좋아하는 것, 싫어하는 것, 자신이 즐거워지는 것, 흥미로운 것, 자신에게 도움이 되는 것 등 그 대상이 사람이든 물건이든 상관없이 자신의 호불호에 대해 확고한 생각을 갖고 있다.

대개의 사람들은 음식이나 음악, 책, 옷, 직업은 물론 연인, 친구, 취미 등에 관한 자신만의 취향이 있다. 좋고 싫음을 명확히 하면 자신이 궁극적으로 무엇을 원하는지 알아내는 것도 비교적 쉽다. 하지만 좋고 싫음이 뚜렷하지 않다 해서 걱정할 필요는 없다.

많은 사람이 '나는 하고 싶은 일도 없고 좋아하는 일도 없다'고 걱정하는데, 지금 당장 모르더라도 시간을 들여 이런저런 경험을 거듭하다 보면 분명 자신만의 취향을 찾을 수 있다. 누구나 나름대로 중시하는 가치관과 취향, 열정이 있지만 정작 본인이 깨닫지 못하는 경우가 적지 않기 때문이다. 이런 이야기를 하면 보통은 미래의 꿈이나 인생의 목표 등 거창한 것들만을 생각하는데, 자신의 취향을 발견하기 위해서는 평소 '지금 이 순간 내가 무엇을 원하는가'를 들여다보는 연습이 필요하다.

싫어하는 일을 찾는 편이 더 쉽다

특별히 좋아하는 일이 없다 해도 싫어하거나 흥미가 통하지 않는 일은 반드시 있기 마련이다. 특히 '이건 싫어',

'저건 좀 매력적이지 않아'라고 생각하는 마음 자체가 매우 중요하다. 긍정적이든 부정적이든 감정이 흔들리는 포인트에는 자신이 소중하게 생각하는 가치관이 숨어 있기 때문이다.

즉, 싫어하는 일이 명확하면 그 반대편에는 좋아하는 일이 있으므로 쉽게 찾을 수 있다. '좋고 싫음'은 동전의 양면과 같은 셈이다. 예를 들어 '여럿이 왁자지껄하게 술 마시는 게 싫다'면 '서너 명이 조용히 혹은 혼자서 느긋하게 마시는 술이 좋다' 혹은 '술 없이 수다 떠는 게 좋다' 등 자신의 기호를 다양하게 유추해볼 수 있다.

보통 자신을 알고자 할 때 우리는 좋아하는 것, 하고 싶은 것, 이루고 싶은 것부터 생각하려 애쓰지만 이런 것들은 좀처럼 잘 떠오르지 않는다. 그럴 때는 감정적으로 제일 먼저 반응하는 것들부터 들여다보자. 자신의 감정에 대해 의문을 품는 것부터 시작하면 조금씩 자신도 몰랐던 새로운 면을 발견하게 될 것이다.

안전한 곳을 벗어나면 감정이 흔들린다

자신이 무엇을 좋아하고 싫어하는지 머리로 아무리 생각해도 떠오르지 않는 경우가 많다. 이럴 때는 의식적으로 마음을 움직여보는 방법이 더 효과적이다. 어쩌면 솔직한 마음을 억누르고 있어서 좋고 싫음을 찾지 못하는 것일 수 있기 때문이다.

안전한 곳에만 머물러 있으면 감정을 움직이는 것이 있어도 실감하지 못할 가능성이 크다. 안전한 곳에서는 웬만하면 감정이 흔들리지 않기 때문이다. 당신은 어쩌면 감정이 발동하는 걸 부정적으로 인식하여 감정의 변화에 둔감해지려 노력하고 있을지 모른다.

예를 들어, 당신이 운동에 서툴러 평소 몸을 쓰는 일이 거의 없다면 취미로 미술관을 다니거나 음악 감상을 즐기는 경우가 많을 것이다. 그런데 그런 사람들 중에도 우연한 기회에 등산, 서핑, 자전거 등 야외 스포츠를 경험해보고 나서 자신이 과격한 운동을 좋아할 뿐만 아니라 스릴도 즐기는 성향이 있다는 것을 발견하기도 한다.

그러므로 기존의 관념에 빠져 상상할 수 있는 범위 내에서만 좋아하는 일을 찾을 게 아니라 과감하게 안전한 곳을 박차고 나가는 도전도 필요하다.

자신에 대해 생각하는 일이란 곧
자신의 바람을 탐구하는 일이다.
때문에 자신이 사랑하고 원하는 것이 무엇인지,
무엇을 보고 어떻게 느끼는지에
집중하는 것이 중요하다.

원하는 것에 의식을 집중하는 훈련

원래대로 돌아가지 않도록 습관을 만들자

자신이 무엇을 좋아하는지 파악했다면 가능한 한 그것에 의식을 집중하자. 지금의 생각과 행동이 당신의 미래를 만들기 때문이다. '하고 싶은 일, 즐거운 일'에 초점을 맞추면 자기답고 즐거운 삶을 살 수 있다.

그러나 다른 쓸데없는 것들을 차단하고 자신이 원하는 것에 의식을 집중하려면, 그것에 익숙해질 때까지 꾸준히 훈련을 계속해야 한다. 그동안 주변의 이러저러한 이야기

나 분위기 등에 흔들리고 휘말렸던 습관을 단번에 버릴 수는 없을 것이다. 인간에겐 자신을 바꾸려 하면 할수록 원래대로 돌아가려는 성질이 있고 이는 무의식에서 비롯되는 것이라 수월히 고쳐지지 않는다. 새로운 행동을 습관으로 정착시키려면 끊임없이 반복해야 하는 이유가 바로 이것이다.

변화는 진척이 있다가도 후퇴하고 다시 앞으로 나가는 일을 반복하는 과정을 통해 일어난다. 따라서 뭔가 후퇴한 기분이 들어도 잘못된 것이 아니다. 당신은 그저 다시 앞으로 나가면 된다.

한 달이면 나를 바꾸는 긍정 노트

노트를 활용해서 원하는 것에 초점을 맞추는 훈련을 해보자. 앞으로 소개할 훈련법은 내가 직접 해보고 극적인 효과를 본 방법인데, 내담자들이나 주변 지인들에게도 소개하여 좋은 평가를 받았다.

먼저 노트 한 권을 준비해서 다음과 같은 규칙으로 글을 쓴다.

1. 그날 있었던 일 중에서 좋았던 것(즐거웠던 일이나 감사한 일) 적기
2. 나를 칭찬하는 글 적기
3. 원하는 인간관계, 돈, 일, 삶 등 적기
4. 부정적인 글(불평, 불만, 싫은 일, 원하지 않는 일) 적지 않기
5. 매일, 최소 한 달 이상 쓰기

그럼 이 항목들을 하나씩 구체적으로 살펴보자.

1. 그날 있었던 일 중에서 좋았던 일 적기

하루 일과 중 있었던 좋았던 일을 노트에 적으면 의식과 마음이 긍정적인 방향으로 흐르고, 큰일이든 작은 일이든 할 것 없이 흐뭇했던 일을 자연스레 곱씹게 된다. 보통 스스로 운이 좋다고 생각하는 사람이나 주위 환경

에 감사하는 사람은 평소 긍정적인데, 이 습관을 들이면 긍정적 사고의 연쇄 작용으로 좋은 일을 더 많이 만들 수 있다.

실제로 노트에 적어보면 알겠지만, 처음에는 좀처럼 즐거웠던 일이 떠오르지 않는다. 어쩌면 더 절망할 수도 있다. '나한텐 정말 즐거운 일이 하나도 없구나' 하고 말이다. 하지만 작은 것이라도 흐뭇하고 기뻤던 일을 찾기 위해 적극적으로 애써야 한다. 전파를 수신하는 안테나처럼 일과 중 있었던 좋았던 일에 안테나를 세우고 센서를 민감하게 가동시켜보자. 이런 식으로 집중하다 보면 내가 미처 감지하지 못했던 좋은 일들이 떠오르고 새삼 행복해진다. 그리고 이를 반복해나감으로써 좋았던 일을 점점 더 많이 떠올릴 수 있다.

반대로 자신을 비관하고 부정적인 생각만 하다 보면 점점 더 우울감이 깊어진다. '엎친 데 덮친 격'이라는 말도 있듯이 나쁜 일이 겹치면 의식은 마치 늪에 빠지기라도 한듯 부정적인 방향으로 흐르기 마련이다. 이런 상황은 누구나 겪을 수 있으니 의식적으로 자신을 긍정의 방향으로 이끌어야 한다.

2. 나를 칭찬하는 글 적기

하루에 최소한 한 개는 적도록 하자. 겸손이 버릇이라 자신의 장점이나 특기를 제대로 들여다보며 스스로를 칭찬해준 적이 없는 이들이 많다. 심지어 자신의 장점을 장점이라고 의식해본 적이 없기도 하다. 왜 자신을 그렇게 홀대하는 걸까. 이 시간만큼은 자신을 가장 따뜻한 시선으로 봐주자.

하루를 성실히 살아냈을 때, 잘하고 싶었던 걸 무사히 잘해냈을 때, 누군가에게 도움이 됐을 때 등 뭐든 상관없다. 아주 작은 일이라도 '오늘 나 좀 잘했다' 혹은 '오늘 나 좀 귀여웠지' 싶은 게 있다면 뭐든 마구 적어보자.

그라운딩을 강화하려면 자신을 인정하는 과정이 반드시 필요하고, 자신감은 이 과정을 통해 생긴다.

3. 원하는 인간관계, 돈, 일, 삶 등 적기

원하는 것을 떠오르는 대로 적어보자. 어떤 사람을 만

나고 싶은지, 어떤 직업을 갖고 싶은지, 어떤 사람이 되고 싶은지 등 앞서 즐거웠던 일이나 자신을 칭찬하는 글을 쓸 때와 마찬가지로 의식을 집중해서 자신이 무엇을 원하는지 집요하게 물어보는 것이다. 원하는 것을 떠올리고 쓰고 생각할수록 어떻게 하면 그걸 얻을 수 있을지도 궁리하게 된다. 결국 이렇게 적는 것은 원하는 것을 그저 원하는 데 그치지 않고 실제로 손에 넣기 위한 방법이 되는 것이다.

잘 생각나지 않을 때는 현재 불편하다고 느끼는 인간관계, 경제적 여건에서 비롯되는 답답함, 직장에서 느끼는 불만족, 삶이 버겁다고 느껴지는 지점 등을 재료로 활용해보자. 일이 잘 풀리지 않는 상황을 뒤집어 생각하면 원하는 것을 쉽게 찾을 수 있다.

4. 부정적인 글 적지 않기

이 규칙은 반드시 지켜야 한다. 사실 안 좋았던 일을 글로 쓰는 게 스트레스 해소에 도움이 되긴 한다. 화가 나거나 마음 상한 일이 있었다면 글로 적어보자. 어떤 일이 있었는지, 왜 화가 났는지, 그 일에서 자신이 어떤 교훈을 얻었는지 등을 자세히 적자. 손글씨로 쓰면 당신의 에너지도 함께 표출되어 분명 기분 전환에 도움이 될 것이다. 대신 이런 글은 노트가 아닌 다른 종이에 쓴 뒤 바로 찢어버리고, 자신을 바꾸기 위해 마련한 노트에는 좋은 에너지만 남기고 좋았던 일만 기록하자.

5. 매일, 최소 한 달 이상 쓰기

마음속 무의식의 습관을 바꾸는 데는 최소한 3주에서 한 달은 걸린다. 그것도 꾸준히 했을 경우에 말이다. 바빠서 실천하지 못한 날이 있다면 이튿날 다시 시작한다는 생각으로 꾸준히 지속하는 게 중요하다. 한 달이 지났을 때 한 달 전과 지금의 글을 읽어보자. 자신의 상태와 기분이 사뭇 달라졌음을 느낄 수 있을 것이다.

노트를 활용한 연습법은 현재 자신의 상태를 인식하지 않거나 못하는 사람들에게도 효과적이다. 자신이 얼마나 자기결정권을 잃은 채 흔들리고 있었는지 깨닫게 될 테니 꼭 한번 실천해보기 바란다.

자신의 장점을 인정하는 연습

1. 남들에게 자신의 장점을 듣고 정리하기

그라운딩을 강화하려면 먼저 자신의 가치를 인정해야 한다. 자기비하나 지나친 겸손이 나쁜 이유는 단순히 자신의 기분을 우울하게 만들기 때문이 아니다. 의식적이든 무의식적이든 자기부정이나 자기공격을 되풀이하면 주위로부터 공격당하기도 쉬워진다. 자신의 생각이 주위 사람들에게 그대로 전달되기 때문이다.

자신의 가치를 인정하는 방법으로 '내 장점 정리해보기'를 추천한다. 앞서 이야기한 노트를 활용하여 자신을 충분히 힘껏 칭찬하기 바란다. 더불어 자신의 여러 면을 잘 아는 사람(가족, 친구, 동료 등)들로부터도 자기가 가진 장점을 들어보자. 정이 많다, 유머 감각이 있다, 스타일이 좋다, 솔직담백하다, 아이디어가 풍부하다, 그릇이 크다, 추진력이 강하다 등 그들은 당신에게 뭐든 말해줄 것이고, 그중엔 당신이 미처 몰랐던 의외의 장점들도 있을 것이다.

이렇게 들은 내용을 종이에 가득 적어 눈에 자주 띄는 곳에 두자. 낯 뜨거울 수 있지만 자신을 잘 아는 사람이 알려준 것이니 이는 객관적이고 신뢰할 만한 정보다. '나는 내가 제일 잘 안다'고 생각하는 이들이 많겠지만 의외로 자신을 제대로 아는 사람은 그리 많지 않다.

거울 앞에서 거울 속 자신을 바라보며 남들이 알려준 자신의 장점을 하나씩 읽어보는 것도 좋은 방법이다. 처음에는 부끄러울 수 있으나 이 방법도 매우 효과적이니 꼭 도전해보자.

평소에 멋지다고 생각하는 사람이 있다면 왜 그런지 이유를 생각해보자. 예를 들어 주변의 누군가에 대해 '똑똑해 보여서 부러워'라고 생각했다면 자신에게는 그런 모습이 없는지 찾아보는 것이다.

우리는 자기 마음속에 있는 '가치 감지 필터'로 타인의 가치를 찾아낸다. 그래서 자신에게 비슷한 가치가 없다면 타인의 가치도 결코 느낄 수 없다. 만약 "그럴 리가요? 저한테는 그런 매력이 없어요"라며 손사래를 치고 싶어진다면 '혹시 내게도 그런 매력이 이미 있는데 나도 모르게 억누르고 있어서 겉으로 드러나지 않는 건 아닐까?'라고 생각해보자. 괜히 남의 떡이 커 보여서 자기 손에 쥐고 있는 떡이 크지 않다고 느끼는 것일 수도 있으니 말이다. 우선 '나에게도 비슷한 장점과 가치가 있구나' 하고 인정하려는 자세가 중요하다.

어떤 감정도 놓치지 말자

당신이 싫어한다 해서 가치가 없는 것은 아니다

행복해지려면 반드시 자신에게 솔직해야 한다. 먹고 싶은 음식을 먹고, 좋아하는 사람과 함께하고, 하고 싶은 말을 하고, 하고 싶은 일을 하자. 당연한 말이지만 자신이 좋아하는 것을 적극적으로 선택하는 삶이 만족도가 높다.

그런데 좋아하는 것을 찾지 못하는 사람 중에는 '싫다'는 감정에 죄책감을 느끼는 경우가 많다. 이런 이들은 특히 "사람을 미워해선 안 돼", "사이좋게 잘 지내야 해"라는 말을 자주 한다. 좋고 싫음을 판단할 때 의무감이 끼어들면 올바른 판단을 내릴 수 없다. 또 좋고 싫음은 자연스럽게 생기는 감정이라 억지로 막을 수도 없다.

'누구는 왠지 호감이 가고, 누구는 비호감이고, 또 누구는 별로 관심이 가지 않아' 등을 얼마든지 마음속으로 자유롭게 생각해보자. 별로 좋아하지도 않는 사람을 억지로 좋아하려 애쓰기보다는 '나랑 맞지 않아' 하며 자신의 감정을 순순히 받아들이는 게 좋다. 누구나 좋아하는 게 있으면 싫어하는 게 있을 수밖에 없다. 싫어하는 감정을 품는다는 이유 때문에 본능적으로 죄책감을 느끼는 사람에게는 힘든 일이겠지만, 자신의 감정을 솔직하게 인정하고 받아들여야 한다.

자기 마음을 스스로 속이는 데는 분명 이유가 있을 것이다. 마음속으로 좋고 싫음을 인정한다 해서 큰일이 생기지는 않는다. 따라서 죄책감을 느낄 필요도 없다. 자신의 취향에 맞지 않는 사람일 뿐이지 그 사람에게 가치가 없다는 것은 아니니까 말이다.

아무튼 '긍정적으로 생각하든 부정적으로 생각하든 그

건 내 자유로운 감정이야', '좋고 싫음이 뚜렷해도 큰 문제없어'라고 생각했으면 좋겠다. 감정을 속박하면 오롯이 자기다운 삶을 사는 것도 불가능하다.

꺼림칙한 감정이 생기면 일단은 주의하자

스스로 마음을 속이지 않으면 자신의 감정을 민감하게 느껴서 사소한 일도 놓치지 않게 된다. 그리고 '인간은 정말 다양한 감정을 느낄 수 있는데 사소한 일을 그냥 쉽게 흘려버리고 있구나' 하고 느끼게 된다.

예를 들어, 처음 만났는데 너무나 편한 사람이 있는가 하면 왠지 불편하고 위화감이 느껴지는 사람도 있다. 이는 자신이 좋아하는 유형과 그렇지 않은 유형을 무의식적으로 느끼고 판단하기 때문이다. 군이 좋고 싫음을 구분해서 자각하지 않더라도 이런 감각은 마음속에서 극히 자연스럽게 우러난다.

참고로 첫 만남에서 '이 사람은 뭔가 이상해. 나랑 안

맞는 것 같아'라는 직감이 든다면 대수롭지 않게 넘기지
말고 주의하도록 하자. 흔히들 직감을 순간적인 감정으로
치부해서 외면하곤 하는데 직감은 말과 행동, 목소리, 분
위기를 종합해서 느끼는 감정이기 때문에 쉽게 무시해서
는 안 된다. 물론 선입견을 갖는 건 좋지 않지만, 꺼림칙한
생각이 든다면 가능한 한 가까이 지내지 않는 게 좋다.

　예를 들어, A씨와 함께 B씨에 대한 대화를 나누며 어
딘가 찜찜한 느낌이 들었는데, 나중에 B씨에게 들어보니
A씨가 했던 이야기는 사실과 전혀 다른 경우가 있을 수
있다. 우리의 직감은 이미 A씨에게 남의 이야기를 부풀리
는 나쁜 버릇이 있었다는 것을 감지했던 것이다.

　이런 사람과의 대화는 즐겁지만 딴 곳에서 내 이야기
도 부풀려 말하고 다닐 위험이 있다. 뭔가 이상한 낌새가
느껴진다면 그 감각을 놓치지 말고 정체를 확인할 때까
지 신중하게 행동해야 한다.

뭔가 후퇴한 듯한 기분이 들어도
잘못된 것이 아니다.
당신은 그저 다시 앞으로 나가면 된다.

가장 기본은 '타고난 개성'을 살리는 것

남들과 똑같이 해도 잘 안 되는 이유

세상에는 똑같이 행동해도 남들에게 호감을 받는 사람이 있고 그렇지 못한 사람이 있다. 가령 두 후배가 선배에게 똑같이 친근하게 말했는데 선배가 누구는 귀엽다고 해주고 누구는 건방지다고 한다. 과연 뭐가 다른 걸까? 신기한 일이다.

사람에겐 타고난 고유의 기질이 있고 이것을 바꾸기란 여간 어려운 게 아니다. 건방지다는 말을 듣는 사람이 귀엽다는 말을 듣는 사람을 따라 해봐도 상대는 다르게 반응한다. 건방지다는 말을 듣는 사람이 호감을 얻고 싶다면 자기에게 어울리는 방법을 찾아야 한다.

자기답고 즐겁게 살려면 자신의 성향을 무시해서는 안 된다. 자신이 어떤 면을 타고났는지 인지해서 그 성향을 부정하지 말고 잘 살리는 것이 행복해지는 지름길이다. 앞서 말한 노트 쓰기를 활용해 자신에 대해 알아가는 연습을 하면 도움이 될 것이다.

하지만 대부분의 사람들은 주변의 말이나 눈치를 살피기 때문에 자신을 똑바로 보지 않는다. 주변에 잘나가는 사람이나 동경의 대상에게 정신이 팔려 본래의 개성과 장점을 잊고 사는 이들도 많다.

이상을 좇느라 본래의 자신을 잃어서는 안 된다

어린 시절 나는 멋진 사람들과 다양한 교류를 갖는 매력적인 커리어 우먼을 꿈꿨다. 또한 학생 때부터 얌전하다는 소리를 많이 들어서 그런지 사교적이고 쾌활한 사람들

을 동경했다. 그런 사람이 되려고 나름 이런저런 시행착
오를 거치며 성격을 바꿔보려 노력했지만 워낙 내성적인
탓에 성공하진 못했다.

한때는 적극적으로 여러 모임에 참석해서 새로운 사람
들과 연락처를 주고받으며 인맥을 넓혀보려고도 했다. 하
지만 나는 사소한 문제가 생기면 신경이 온통 그쪽으로
곤두서서 남들보다 훨씬 빠르게 관계의 피로가 쌓였다.
게다가 남들과 거리를 두고 상대방을 신중하게 관찰하는
성향이어서 좀처럼 마음의 문을 열지 못했고, 누군가와
친해지는 데도 오랜 시간이 걸렸다.

관계 맺기뿐만 아니라 말투나 행동 같은 기질 면에서
도 내가 동경하는 이미지와 실제의 나 사이에는 거리가
있었다. 나는 일 잘하는 '차가운 도시 여자' 이미지를 동
경해서 어디서나 누구에게든 똑 부러지게 말하려 노력했
지만 남들에겐 낮은 음으로 조용하고 느릿하게 말하는
걸로밖에 안 들렸다고 한다. 그래서 나는 '차도녀'의 꿈을
진작 포기했다.

그러나 이런저런 경험치가 쌓였다는 점에서 나의 도전들은 결코 헛된 것이 아니었다. 본래의 자신과 너무나도 다른 이상을 지나치게 추구하면 자기만의 개성을 잃을 수 있겠다는 깨달음도 얻었다.

나처럼 내성적이고 마음에 맞는 몇몇 이들과만 깊게 사귀는 유형의 사람들은 사교적인 사람을 동경한다. 하지만 동경에 그치지 않고 '나는 왜 저렇게 될 수 없을까'라는 생각까지 하다 보면 자기개념을 부정할 위험이 있다. 이것이 계속되면 결국 자신의 개성을 잃고 혼란에 빠지고 만다. 이상이 자기성장의 밑거름이 될 수는 있지만 자신이 이상 그 자체가 될 수는 없는 것이다.

지금의 모습이 마음에 들지 않는다 해서 본연의 개성까지 거부해서는 안 된다. 동경하는 이상과 타고난 개성, 이 모두가 자신의 일부임을 받아들이자.

'나를 좋아해주는 사람'을 소중히 여기자

타고난 개성이 제각각이니 모든 사람에게 사랑받는다는

것은 불가능한 일이다. 자신에게 호불호가 있듯 다른 이들에게도 호불호가 있으니 말이다. 인기 좋은 사람을 흉내 낸다 해서 누구나 인기가 많아지는 것은 아니다.

다른 사람이 되기 위해 애쓰기보다는 자신의 개성을 인정하고 살리는 편이 훨씬 현명한 방법이다. 물론 자신의 튀는 개성이 싫다는 사람도 있을 것이다. 그럼에도 누구에게나 자신의 싫은 모습이 있지만 그것을 인정하고 살아간다는 사실을 알아야 자기답게 살아갈 수 있다.

남들도 나처럼 무언가를 혹은 누군가를 싫어한다. 만약 누군가 당신을 싫어한다 해도 당신은 그 사람의 감정을 어찌할 수 없다는 사실을 받아들여야 한다. 그래야 그런 사람 때문에 힘들어하지 않고 좋아하는 사람들에게 보다 집중할 수 있다.

이때 중요한 점은 어떤 사람이 자신에게 중요한지 알고 선택해야 한다는 것, 그리고 그들과 어떻게 지낼지 고민해야 한다는 것이다.

인생은 자기개념에 좌우된다. 생각하기 나름이라는 것

이다. 자신을 '멋지고 사랑받을 가치가 있다'고 생각하면 주위 사람들도 당신을 소중하게 생각해준다. 그러면 내가 원하는 대로 사랑받는 사람이 될 수 있다.

나를 당당하고 담담하게 표현하는 법

사이가 가까워질 때 필요한 것

상담을 하다 보면 인간관계가 힘들어서 찾아오는 사람이
매우 많다. 대부분 겉으로는 아무 문제가 없어 보이고 직
장에서도 별 문제없이 잘 지낸다. 상담하러 와서는 인사
도 잘하고 가벼운 잡담도 하면서 어릴 적 이야기나 취미,
휴일에 한 일 등 다양한 주제로 이야기를 잘 풀어간다. 하
지만 관계가 깊어져 심리적 거리가 좁아지려는 상황을 마
주하면 불편해한다. 가까운 사이가 되면 아무래도 자신이

어떤 사람이고 어떤 가치관을 갖고 있는지가 드러나기 때문이다.

자기가 가진 모든 면을 보여주기 꺼리는 사람은 친구나 연인, 부부 등 특정 파트너십에서 어려움을 호소하는 경우가 많다. 직장이나 모임과 달리 좀 더 내밀한 자신의 모습을 보일 수밖에 없는 관계에서는 '진짜 내 모습을 알면 저 사람이 나를 싫어하지 않을까?' 하는 두려움을 갖기 때문이다.

상대방이 내가 좋아하거나 내게 중요한 사람일수록 '저 사람한테서 미움받거나 거절당하면 어떡하지?' 하는 생각이 강해지고, 자신의 결점이나 생각을 표현했을 때 그가 어떻게 받아들일지 불안할 수밖에 없다.

누구나 중요한 사람에게는 미움받고 싶지 않겠지만, 상대와의 거리가 가까워지려면 자신의 내면을 보여주는 과정이 반드시 필요하다. 그렇게 서로를 있는 그대로 받아들여야 관계가 단단해지고, 원만한 사이를 유지할 수 있는 방법도 알게 되기 때문이다.

'내가 이 모양이라서 미안해요'라는 분위기를 조장하지 마라

노골적으로 말하면, 당신이 용기를 내서 이야기한대도 상대가 그것을 받아주리라는 보장은 없다. 상대가 어떻게 생각할지는 그 사람의 선택에 달린 것이기 때문이다. 이처럼 상대방이 받아들일지 말지는 당신 권한 밖의 일이지만, 그럼에도 상대가 쉽게 받아들이게 하는 비결이 있다.

그것은 바로 자신을 좋게 표현하거나 담담하게 알려주는 것이다. 반대로 말하면 "제가 좀 그렇죠?"라는 식의 죄책감이 느껴지는 표현은 삼가야 한다는 뜻이다.

예를 들어 첫 만남에서부터 '전 이런 한심한 인간이에요. 왜 사는지 모르겠어요'라는 분위기를 풍기며 자신을 소개하는 사람이 있다면 상대방 입장에서는 당황스럽고 부담스러울 것이다.

처음이니까 일부러 겸손하게 말함으로써 관계의 장벽을 낮추려는 의도인지는 모르겠지만 상대방 입장에서는 되레 편하게 다가갈 수 없는 심리적 부담을 느끼게 된다.

때문에 있는 그대로 받아들일 생각이 들다가도 마음의 문을 닫아버리고 만다. 상대는 오히려 '내가 싫어서 일부러 저러나' 하고 생각할지도 모른다. 관계의 장벽을 낮추려는 게 오히려 독이 되는 경우다.

자신을 담담하게 받아들이자

자신을 좋게 표현하거나 담담하게 알려주는 것은 스스로를 어떻게 받아들이느냐에 달려 있다. 이 또한 그라운딩과 밀접한 관계가 있다.

자기 자신을 신뢰하고 좋아하면 문제없지만, 좋아하지 않더라도 '나는 이런 사람이야'라고 인정하고 받아들일 수는 있다. 내가 좋아하는 것은 남들이 뭐라 해도 좋다는 신념을 가지는 것이다. 그래야 누군가에게 거절당해도 자신의 가치가 상처받지 않는다. '서로 다른 기호의 문제이며 사고방식의 차이'라고 단순히 생각하면 사는 게 의외로 간단해진다.

애니메이션을 좋아하는 사람이 밝은 표정으로 "전 애니메이션이 너무 좋아요!"라고 말했을 때와 "전 애니메이션을 좋아해요. 오타쿠처럼 보이죠? 좀 어둡기도 하고……"라며 죄책감을 느끼듯 말했을 때는 풍기는 인상이 전혀 다르다.

이 책에서 반복적으로 얘기하고 있는데, 죄책감을 느끼는 사람은 주위로부터 공격을 당하기 쉽다. 따라서 자기를 표현할 때는 죄책감을 드러내지 말아야 한다.

또한 '아마 이렇게 생각할 거야' 하며 상대방의 판단을 예단하는 것도 좋지 않은 습관이다. 굳이 쓸데없는 상상력을 발휘해서 색안경을 낄 필요가 없다는 의미다.

자신감이 없는 사람 중에는 '이렇게 한심한 나를 당신이 받아준다면 나도 나를 인정할 수 있을 것 같다'고 생각해서 일부러 자신을 비난하는 듯한 표현을 쓰는 이들이 많다. 물론 그 말대로 상대방이 '형편없고 한심한 나'를 받아준다면 정말 자신감이 생길지도 모르겠다. 하지만 자신감은 자신만이 만들 수 있다. 자신을 얼마나 인정하고 받아들이냐에 달려 있는 것이다. 또 친한 사이도 아닌데 상대방에게 그 정도의 포용력을 기대한다는 건 성공하기가 꽤 어려운 전략이다. 차라리 정공법으로 자신을 좋게, 있는 그대로 표현하는 게 더 효과적이다.

남들이 자신을 받아주기를 원한다면 스스로의 가치를 인정하고 긍정적으로 표현하자. 그래야 남들도 그 가치를 인정해줄 테니 말이다.

동경하는 이상과 타고난 개성,
이 모두가 나의 일부임을 받아들이자.

버릇은 스스로 의식할 때에만
고칠 수 있다

패턴화된 행동은 나와의 약속으로 바꾸자

원하는 바를 가장 빨리 손에 넣으려면 자신의 마음에 귀를 기울이고 원하는 게 무엇인지 찾아서 행동으로 연결시켜야 한다. 하지만 일반적으로 사람은 자신이 인정하고 싶지 않은 모습이나 감정을 직시하지 않고 회피하려 든다.

　모두들 알다시피 회피한다고 문제가 해결되는 것은 아니다. 같은 문제가 얼마 후에 또 다시 불거질 것이기 때문이다. 문제가 생겼을 때 해결하지 않으면 그것에 언젠가는 반드시 다시 발목을 잡히고 만다.

인간관계가 힘들어서 회사를 그만둬도 자신의 패턴이 바뀌지 않는다면 다른 회사에 취직해도 또다시 같은 문제가 생기기 쉽다. 장소가 바뀌어도 자신이 바뀌지 않으면 같은 일이 반복되는 것이다.

자신을 속이지 않는, 그리고 그것을 행동으로 연결하는 것이 무엇보다 중요한 이유가 바로 이것이다. 변하고 싶은데 행동 패턴이 그대로라면 무엇 하나 달라지는 게 없다.

예를 들어 당신은 평소에 친해지길 바라는 사람과 만나면 "앗! ○○○씨!" 하고 바로 반응을 하는 편인가? 아니면 의식은 하고 있지만 일부러 모른 척하는 편인가?

당신이 의식하고 있다는 것은 상대도 당신을 의식하고 있다는 증거다. 당신이 일부러 모른 척한다는 사실도 상대방은 짐작하고 있다. 한순간의 망설임이 자신을 속이는 일로 이어지고 마는 것이다.

이런 상태라면 가능한 한 반응을 보이도록 연습하고

노력하자. 한 번에 잘되지 않아도 상관없다. 열 번 해서 세 번 성공하면 된다고 생각하며 가벼운 마음으로 실행에 옮기자. '자신을 속이는 일'도 일종의 버릇이기 때문에 연습하면 얼마든지 바꿀 수 있다.

이 외에도 우리는 '힘든데 힘들지 않은 척', '외로운데 외롭지 않은 척', '화나는데 화나지 않은 척', '좋아하는데 흥미 없는 척' 등 매우 다양한 형태로 자신을 속인다.

갖고 싶은 것이 있으면 솔직히 갖고 싶다고 생각하고 갖기 위해 행동하면 된다. 단지 그뿐이다. 사소할지 모르겠지만 이런 일상 속 작은 성공 체험, 즉 자신과의 약속 이행이 당신의 자신감을 키워줄 것이다.

남들이 붙인 꼬리표와 거리 두기

'~한 척'을 오래하다 보면 남들에게 잘못된 이미지를 심어줘서 결국은 족쇄로 작용하는 경우가 많다.

주위를 둘러보면 '항상 밝고 에너지 넘치는 사람', '얌전하고 과묵한 사람', '무슨 생각을 하는지 몰라 어디로 튈지 불안한 사람' 등의 꼬리표가 붙은 사람을 흔히 볼 수 있다.

하지만 이미지는 어디까지나 이미지일 뿐, 본래의 모습이 이미지와 다른 경우도 많다. '항상 밝고 에너지 넘치는 사람'은 현실적으로 존재하지 않으며 '얌전한 사람'이 누구에게나 항상 온순하리라는 법도 없다.

그러나 특정 이미지가 꼬리표로 붙으면 그 이미지대로 말하고 행동해야 할 것만 같은 생각이 들기 마련이다. 결국은 피곤하고 우울해도 '밝은 척'을 해야 하는 상황에 빠지고 마는 것이다.

꼬리표와 같은 특정 이미지가 생기는 원인은 본인이 '~한 척'을 하는 것 외에도 겉으로 드러나는 인상이나 한정된 사교활동 때문에 오해를 샀기 때문이기도 하다.

어찌 됐건 남들이 생각하는 자신과 본래의 자신이 다른데도 주위의 생각에 맞추려 해서는 안 된다. '저 사람이 이렇게 생각하니 나는 그와 반대로 행동해야지'가 아니라

주위의 눈을 의식하지 말고 자유롭게 말하고 행동하라는
의미다.

　당신이 예상 외'의 행동을 하면 주위 사람들이 '왜 저
러지?'라는 반응을 보일지 모르지만 약해져서는 안 된다.
'역시 이미지대로 행동해야 했었어' 하고 생각해서는 안
된다는 말이다. 주위 사람은 단순히 놀랐을 뿐, '왜 이미
지대로 하지 않느냐'며 당신을 질타하는 게 아님을 알아
야 한다.

　자신의 본래 모습을 알고 있는 사람은 자신뿐이다. 주
위의 시선을 이겨낼 수 없을 것 같다 싶으면 처음부터 이
미지를 새로 만들어본다고 생각하는 것도 좋은 방법이다.
얼마나 스스로에게 솔직할 수 있는지 시험해본다고 생각
하자.

행복해하는 자신을 소중히 여기자

필터 선택이 인생을 좌우한다

같은 세계를 보며 사는 듯해도 사실 우리 모두는 다른 세
계관 속에서 살고 있다. 이는 아무리 친한 친구든 가족이
든 예외가 없다.

　같은 석양을 봐도 누구는 '정말 아름다운 붉은 노을이
구나' 하고 생각하고, 누구는 '뭔가 쓸쓸한 붉은 노을이구
나' 라고 생각한다. 아름답다고 생각한 사람은 아름답게
보이는 필터를, 쓸쓸하다고 생각한 사람은 쓸쓸하게 보

이는 필터를 통해 석양을 보고 있는 것이다.

　이처럼 같은 광경을 보고도 사람에 따라선 전혀 다르게 받아들이고, 상황에 따라서도 느끼는 감정이 다르다 (이를 '투영'이라고 한다). 왜냐하면 우리는 태어나서 지금까지 저마다 다른 생각과 감정을 경험해왔고, 그 결과 각자 독자적인 관념을 지니고 있기 때문이다.

　일례로 '돈'에 대한 생각 역시 사람마다 다르다. 누구에게는 돈이 '갖고 싶은 것'이지만 누구에게는 '더러운 것'일 수 있다. '노력해야 얻을 수 있는 것'이라 여기는 사람도 있는가 하면 '권력이자 힘'이라고 생각하는 사람도 있다. 이 외에도 옳고 그름 역시 관점에 따라 달라질 수 있다.

　여기서 주목해야 할 것은 우리는 자기 나름의 관념이라는 필터를 통해서만 세상을 바라본다는 점이다.

　돈을 '더러운 것'으로 생각하는 사람은 부를 축적하는 것에 죄책감을 느끼고 있는지도 모른다. 그래서 이런 사람은 돈을 벌 기회가 와도 방치하거나, 금전문제로 인간관계를 망치는 일을 겪을 가능성이 있다.

'나답고 즐거운 삶'을 위해서는 자신에게 맞는 '관념'을 잘 선택하는 게 중요한 이유가 바로 이것이다.

자신과 어울리는 위치로 돌아가자

예를 들어 예전부터 주위 사람들에게 "난 행복해"라고 말할 때마다 "쟤 뭐라는 거야?"라며 핀잔을 들었던 사람이 있다고 생각해보자.

이런 경험이 쌓이면 '누구나 행복한 것은 아니구나' 하는 생각이 앞서서 일부러 행복하지 않은 척 연기한다. 또 기쁜 일이 생겼는데 주위 사람들이 찬물을 끼얹었던 경험이 많은 이라면 나중에 또 다른 좋은 일이 있어도 '나는 기뻐하면 안 돼'라며 자기 마음을 애써 감춘다.

이런 식으로 자신과 맞지도 않는 개념을 선택하는 사람은 무척 많다.

"일은 원래 힘든 거야", "돈은 고생해서 버는 거야",

"결혼은 인내의 연속이야" 등과 같이 한편으로는 틀린 말이 아니고 수긍되는 경우도 있지만, 그렇다고 세상 사람 모두가 똑같이 그렇게 생각하는 것은 아니다. '일이 너무 재미있어', '즐기면서 돈도 벌어', '결혼생활이 너무 행복해'라고 생각하는 사람도 분명히 있다는 뜻이다.

이런 의미에서 자신이 즐겁지 않다고 여기는 개념을 즐겁게 여기는 개념으로 바꿔나가면 어떨까?

본래 당신이 있어야 할 곳은 "난 행복해"라고 말할 수 있는 곳이어야 한다. 원래 당신이 있던 곳, 당신과 어울리는 곳으로 돌아가자.

쉽게 행복해져도 괜찮다

사람은 어떻게 생각하고 느끼느냐에 따라 의외로 쉽게 행복해질 수 있다.

'너무 쉽게 행복해하는 내가 문제야'라는 식으로 자책하는 사람도 있는데, 그럼 무슨 일을 하든 고생해야 한다는 말인가? 이렇게 생각하면 실제 인생도 힘들어진다.

행복해지기 위해 반드시 고생을 해야 하는 건 아니다.

"제가 뭐 할 수 있는 게 있나요", "잘 안되네요"라는 식으로 주위 상황에 맞출 필요도 없다. 무슨 일이든 즐거운 마음으로 해도 되고 일이 쉽게 잘 풀려도 이상할 게 없다.

행복한 게 죄도 아닌데 일부러 미안해하며 자신을 숨기는 사람이 많은데, 이런 식이면 당신 주위에는 행복한 사람이 모여들지 않는다. 남들을 배려하기보다는 본래의 자신을 믿고 개성을 드러내야 당신 주위에도 스스로를 신뢰하는 사람들이 모여드는 법이다.

내가 좋아하는 세계 만들기

말 속에 세계관이 깃들어 있다

상대가 어떤 세계에서 살고 있는지 알고 싶다면 그 사람
이 어떻게 말하는지 들어보자. 우리는 말을 통해 자신의
생각을 주위 세계로 투영한다. 따라서 어쩌다 나온 말들
로 그 사람의 세계관을 짐작할 수 있는 것이다.

예를 들어 "돈이 아까우니까 절약해야 해"라고 말하는
사람은 '돈이 부족한 세계'에서 살고 있고, "여자가 많은

회사는 힘들어"라고 말하는 사람은 '여성 때문에 힘든 세계'에서 살고 있다고 보면 된다.

자유분방하고 제멋대로인 이를 못마땅해하는 사람은 '제멋대로 해서는 안 되지만 사실 부럽네'라고 생각하는 사람이다. 또 화내는 이가 계속 신경 쓰이는 사람은 화를 감추고 있는 사람이고, 남에게 "아이를 맡기다니. 애가 불쌍해"라고 비난하는 사람은 그 자신도 어릴 때 외로워서 상처받은 경험이 있는 사람이다.

그에 반해 원하면 이룰 수 있다고 생각하는 사람은, 의도하는 대로 '다 잘 풀리는 세계'에 살고 있는 것이다.

에너지를 어디에 쏟을지 스스로 정하자

머릿속으로 상상하지 못하는 세상은 실현시킬 수 없다.

모든 일의 출발점은 자신의 생각이다. 어떤 사람과 관계를 맺을지, 매일 무엇을 느끼며 살지는 본인 스스로 선택할 수 있어야 한다.

세상에는 매력적인 사람이 있는가 하면 건방진 사람도

있고 몰상식한 사람도 있다. 우리는 이런 다양한 타입의 사람들과 공존하고 있지만, 모두하고 사이좋게 지낼 수 있는 것은 아니다.

만일 직장에 배려심이 없어 짜증나게 하는 상사나 부하, 동료가 있다면 어떻게 하는 게 좋을까?

그냥 그들에게 에너지를 쏟지 않으면 된다. '난 인간관계에서 배려심이 중요하다고 생각해'라며 자신의 생각을 받아들이고 그런 인간관계로 이루어진 세계를 선택하면 되는 것이다. 그러다 보면 당신을 짜증나게 했던 사람이 부서를 바꾸거나 퇴직할 수도 있고, 당신 의식의 방향이 바뀌어서 그 사람에게 더 이상 신경이 쓰이지 않게 될 수도 있다.

당신이 어디에 에너지를 쏟을 것인가에 따라 당신을 둘러싼 배경이 바뀜을 기억하자.

자기 인생은 자신이 책임질 수밖에 없다

우리 주위에는 '남들과 문제가 생겨도 다퉈서 기분이 상할 바에야 내가 참고 말겠다'는 사람이 적지 않다.

'참을성'은 일반적으로 어릴 때 부모의 육아로 길러진 가치관이다. 그런데 내가 참는다 해서 인간관계가 원만해지는 것은 아님을 당신은 지금까지 이 책을 통해서 알 수 있었을 것이다.

누구에게든 자기 나름의 생각이 있고, 그래서 남들이 어찌할 수 없는 영역이 있다.

누군가 이래라저래라 해서 혹은 누군가와 비교 대상이 되어서 일상이 힘들어도 일단은 내가 어떻게 생각하는지, 또 어떻게 하고 싶은지를 명확히 하는 게 좋다. 즉, 자신을 우선시하고 자기중심으로 생각해야 한다는 뜻이다.

행복에는 우선순위가 있다.
가장 중요한 존재는 바로 나 자신이다.
그러므로 일단은 내가 만족해야 한다.

그런 의미에서 자신을 소중히 하고, 하고 싶은 일을 하자. 자신이 만족해야 결과적으로 인간관계도 원만해지고 일도 잘 풀리며 자연스럽게 돈도 벌 수 있다. 그리고 그에 따라 결과적으로 주위 사람들도 행복해진다.

당신의 행복과 주위 사람들의 행복은 공존한다.

우리 모두는 자기 인생만 책임질 수 있다.

남들의 인생은 각자의 몫이다.

자기 인생에 책임을 지고, 즐거운 마음으로 행복하게 사는 게 당신이 할 수 있는 유일한 일이다.

행복에는 우선순위가 있다.
가장 중요한 존재는 바로 나 자신이다.
그러므로 일단은 내가 만족해야 한다.

옮긴이 신찬

인제대학교 국어국문학과를 졸업하고, 한림대학교 국제대학원 지역연구학과에서 일본학을 전공하며 일본 가나자와 국립대학 법학연구과 대학원에서 교환학생으로 유학했다. 일본 현지에서 한류를 비롯한 한·일 간의 다양한 비즈니스를 오랫동안 체험하면서 번역의 중요성과 그 매력을 깨닫게 되었다. 현재 번역 에이전시 엔터스코리아에서 출판 기획 및 일본어 전문 번역가로 활동 중이다.

주요 역서로는 『일하는 의미를 잊은 당신에게』, 『예민한 게 아니라 섬세한 겁니다』, 『핸드백 대신 배낭을 메고』, 『읽지 않으면 후회하는 성공을 부르는 5가지 작은 습관』, 『일도 연애도 잘하는 사람들의 68가지 습관』, 『성공을 부르는 1%의 기적』 등 다수가 있다.

때론 이유 없이 거절해도 괜찮습니다

초판 1쇄 인쇄 2019년 11월 15일
초판 1쇄 발행 2019년 11월 25일

지은이 다카미 아야 **옮긴이** 신찬

발행인 이재진
단행본사업본부장 김정현 **편집주간** 신동해
디자인 김은정 **홍보** 박현아 최새롬
마케팅 이현은 최혜진 **제작** 정석훈

브랜드 웅진지식하우스 **주소** 경기도 파주시 회동길 20
주문전화 02-3670-1595 **팩스** 031-949-0817
문의전화 031-956-7362(편집) 031-956-7567(마케팅)
홈페이지 www.wjbooks.co.kr
페이스북 www.facebook.com/wjbook
포스트 post.naver.com/wj_booking

발행처 ㈜웅진씽크빅 **출판신고** 1980년 3월 29일 제406-2007-000046호

한국어판출판권ⓒ2019 Woongjin Think Big
ISBN 978-89-01-23750-3 03190

웅진지식하우스는 ㈜웅진씽크빅 단행본사업본부의 브랜드입니다.
이 책의 한국어판 저작권은 대니홍 에이전시를 통한 저작권사와의 독점 계약으로 ㈜웅진씽크빅에 있습니다.
이 책은 저작권법에 따라 한국 내에서 보호받는 저작물이므로 무단 전재와 복제를 금합니다.
이 책 내용의 전부 또는 일부를 이용하려면 반드시 저작권자와 ㈜웅진씽크빅의 서면 동의를 받아야 합니다.

※ 이 도서의 국립중앙도서관 출판예정도서목록(CIP)은 서지정보유통지원시스템홈페이지
(http://seoji.nl.go.kr)와 국가자료공동목록시스템(http://www.nl.go.kr/kolisnet)에서
이용하실 수 있습니다.(CIP2019039328)
※ 책값은 뒤표지에 있습니다.
※ 잘못된 책은 바꿔드립니다.